교사를 춤추게 하라

MACHIBANOKYOUIKURON 街場の教育論
by Tatsuru Uchida
Copyright ⓒ 2008 by Tatsuru Uchida
All rights reserved.
Original Japanese edition published by MISHIMASHA Publishing Co., Ltd.
Korean translation rights ⓒ by MINDLE Publishing Co.,Ltd…SEOUL
Korean translation rights arranged with MISHIMASHA Publishing Co., Ltd.,Tokyo

교사를 춤추게 하라

당신과 내가
함께
바꿔야 할
교육 이야기

우치다 타츠루 씀 · 박동섭 옮김

민들레

차례

펴낸이의 말 | 낯선 교육론을 만나기 전에 • 008
들어가는 말 | 선생님들이 용기와 힘을 얻기를 • 010

1 교육을 바꾸려 할 때 먼저 생각해야 할 것들

- 015 교육은 타성이 강한 제도다
- 017 교육의 근본적인 개혁은 불가능하다
- 021 교육개혁의 주체는 바로 우리들이다
- 023 교사를 격려하고 용기를 북돋워야 한다

2 교육은 비즈니스가 아니다

- 029 교육이 비즈니스가 아닌 이유
- 030 시간의 가치를 인정하지 않는 시장
- 032 변화를 바라지 않는 사람들
- 034 교육의 이해당사자는 누구인가
- 036 부모로부터 아이를 보호하는 제도
- 040 마지막으로 남는 것은 교사와 아이들

3 나를 넘어서는 배움

- 047 통신판매 모델로서의 유비쿼터스 교육
- 049 배움은 쇼핑이 아니다
- 050 교육에서 캠퍼스 공간이 지니는 의미
- 053 이상적인 캠퍼스 공간
- 056 배움이란 '이륙'한다는 것

4 교육의 세계화와 시장화의 위험

- 063 교육의 상품화는 교육의 자살이다
- 067 교육의 시장화
- 072 짝퉁 대학 가려내기
- 073 학위 공장의 성공
- 075 학교 평가와 교원 평가로 잃어버린 것

5 소통을 위한 교육

- 083 공자의 6예藝와 서양의 자유7교과
- 087 교양교육과 전공교육의 차이
- 092 자신을 포함한 풍경을 조감하는 힘
- 094 역사의 쓰레기통에 버려지는 학문
- 100 다른 전문가와 협력할 줄 아는 능력
- 102 경쟁을 강화해도 학력이 오르지 않는 까닭

6 갈등하게 만드는 사람으로서의 교사

- 109 교사는 언제나 반反권력
- 115 배움의 문을 여는 마법의 주문
- 121 어쩔 수 없이 교사가 된 사람일지라도
- 126 갈등 속에서 성숙하는 인간
- 130 친족의 기본구조와 교육제도
- 132 다양한 유형의 교사가 필요한 까닭

7 춤춰라, 계속 춤춰라	137	배움을 시스템으로 만들 수 있을까
	139	"나는 이렇게 들었다"라는 어법의 힘
	143	'기원'이라는 신화
	146	'스승의 스승'이 하는 역할
	150	고전에서 우리는 무엇을 배우는가
	153	계속 춤을 추는 거야!

8 이지메에 대한 다른 이해	161	학생들을 이해할 수 없다는 교사들
	162	"이 문제는 간단하다"고 말하는 사람들
	166	상황에 대한 낙관과 자신에 대한 비관
	168	위기 상황에서 우리는 어떻게 행동해야 하나
	174	학교와 사회 사이에 벽이 필요한 까닭
	179	개성을 추구하는 아이들이 빠지는 함정
	184	이지메의 집단 역학
	187	글로벌 자본주의에 맞서는 방파제

9 진로교육이 빠진 함정	193	수험 활동과 취업 활동의 차이
	196	면접에서 합격과 불합격의 기준
	199	노동의 장은 협력의 장
	202	능력이 뛰어날수록 이직률이 높은 까닭
	205	분업화와 개인화
	207	회색지대 업무의 중요성
	209	가난을 벗어나면서 잃어버린 것
	212	자기다움을 추구하는 길 위의 함정

10 언어교육에서 놓쳐서는 안 되는 것	217	현대문에서 사라진 음악성
	219	언어의 남성성과 여성성
	221	록과 일본어 가사의 만남
	224	말을 먼저 배운다는 것의 의미
	227	생각과 말의 괴리

11 영성교육의 바람직한 방향은	235	갈등과 긴장
	239	풍수와 종교성
	241	모순의 동적 균형
	243	장례, 죽은 자와 소통하기
	250	종교적인 것들이 범람하는 시대에
	253	영적 스승과의 만남
	257	영적 성숙을 위해서

옮긴이의 말 | 지우면서 배우기, 탈학습의 여정 • 262

펴낸이의 말

낯선 교육론을
만나기 전에

정치, 경제, 사회, 교육, 철학, 미디어, 언어 등 다양한 분야에 걸쳐 남다른 통찰을 보여주는 우치다 타츠루는 한국 교육계에는 아직 낯선 인물입니다. 『스승은 있다』에 이어 우치다의 교육 관련 저서들을 민들레에서 연이어 펴내는 데에는 그의 목소리가 오늘날 한국 사회와 교육계에 꼭 필요하다는 생각이 들어서입니다. 니트족같이 미성숙한 어른이 양산되는 이 시대에, 아이들을 어른으로 성장시키는 교육, 성숙을 위한 교육이 어떠해야 하는지에 대한 우치다 선생의 이야기는 깊이 새겨들을 만한 가치가 있다고 봅니다. 자신의 집 일 층에 '남쪽에서 불어오는 따뜻한 봄바람'을 뜻하는 '개풍관凱風館'이라는 합기도장을 열어 아이들에게 무예를 가르치면서 삶의 깊은 통찰을 함께 전수하는 그가 들려주는 교육관은 단순히 교육학자의 교육이론과는 다른 통찰과 울림을 줍니다.

교육이 시간차 제로를 추구하는 비즈니스와 본질적으로 어떻게 다른지, 배움이 왜 쇼핑처럼 될 수 없는지에 대한 우치다의 통찰은 시장화라는 이름으로 '교육의 자살'이 일어나고 있는 이 시대에 무엇보다 절실한 메시지라고 생각됩니다. 신념에 차 있는 사람보다 갈등 속에 있는 사람이 더 좋은 선생이 될 수 있다거나, 다양한 교사들이 있는 학교가 더 바람직한 교육환경이라는 이야기는 교사의 역할에 대해 새롭게 눈뜨는 계기가 될 수 있지 않을까 싶습니다. "어쩔 수 없이 교사가 된 사람도 훌륭한 교사가 될 수 있다", "학교는 온실이 되어야 한다", "학교와 사회 사이에는 벽이 필요하다"는 그의 주장은 적지 않은 논란이 예상되지만, 교육의 시장화가 급격히 진행되고 있는 이 시대에 깊이 새겨들어야 할 말이 아닐까 생각합니다.

어떤 사회든 좋은 사회가 되기 위해 구성원들에게 무엇보다 필요한 자질은 소통의 능력일 것입니다. 소통 능력을 키우는 교육에 대한 우치다의 통찰이 보다 나은 사회를 위한 교육개혁의 방향에 대한 영감을 줄 수 있을 거라고 봅니다. 요즘 아이들을 도무지 이해할 수 없어 힘들어하는 교사들에게 이 책이 아이들을 이해할 수 있는 단초가 되었으면 합니다. "나에게도 스승이 있었다"고 고백하면서, 가르치는 이도 배우는 이도 멈추지 않는 춤을 추면서 성숙의 계단을 밟아 올라가기를 바라는 우치다 선생의 이야기가 아무쪼록 이 땅의 선생님들에게도 힘이 되기를 바랍니다.

2012년 8월 현병호

들어가는 말

선생님들이 용기와 힘을 얻기를

여러분 안녕하세요. 우치다 타츠루입니다.

『교사를 춤추게 하라』를 구입해주셔서 고맙습니다.

이 책은 아마도 여러분들이 읽은 다른 교육 관련 책들과는 사뭇 다른 교육론일 겁니다. '음, 이렇게 이야기할 수도 있겠군!' 정도로 생각하시면 좋겠습니다. 그것으로 충분합니다. 실은 저는 '학교 선생님들이 이 책을 꼭 읽으셨으면' 하고 바라고 있습니다.

저는 '선생님들이 용기와 힘을 얻는 책'을 쓰고 싶었습니다. 아무리 생각해봐도, 교육문제를 해결하는 주체는 교실에서 아이들을 앞에 두고 있는 교사들 말고는 없습니다. "선생은 더 이상 안 돼, 그들이 교육을 개혁한다고? 그런 게 가능할 리 없어!" 하고 말하는 사람이 만약 진심으로 교육을 개혁하고 싶다면, '무능한 교사'들을 밀어제치고 "비켜! 내가 대신 가르칠 테니까. 내가 하는 걸 보라구!" 하고 말할 수 있어야 합니다. 그게 아닌 한 설득력 있는 대안은 있을 수 없습니다. 교육문제를 해결할 수 있는 주체는 교실에서 아이들 앞에 서는 교사들 외에는 없으니까요. 그래서 실제로 교단에 서 있는 선생님들이 용기와 힘을 갖고 창의적인 생각을 할 의욕이 솟아나고, 생각한 대로 잘 되지 않아도 낙담하지 않을, 그런 힘을 주는 책을 쓰고 싶었습니다. 과연 그 목표가 달성되었는지는 이 책을 읽으실 선생님들께 물어보지 않으면 모를 일입니다. 제 바람이 조금이라도 이루어지면 좋겠습니다.

2007년 일본은 아베 총리의 주도로 '교육재생'이라는 이름의 교육개혁이 진행된 해입니다. 논의 기구인 교육재생회의에서 끊임없이 언론을 달구는 제언이 이어지고, 교육기본법이 개정되고, 교육3법이 제정되는 등 그 어느 때보다 교육에 대한 논의가 뜨거웠습니다.

제가 이렇게 과거형으로 말한 것은 대중매체에서 너도나도 열을 냈던 그때 모습과 비교해보면 지금은 거짓말처럼 조용하기 때문입니다. 최근 언론에서는 '교육개혁'이라든지 '교육재생'이라는 글귀를 볼 기회가 거의 없습니다. 이런 시기에 이렇게 '교육론' 책을 내려니 마치 축제가 끝난 마당에 뒤늦게 혼자서 좌판을 펼치는 기분입니다.

교육문제는 해결된 걸까요? 설마요, 그럴 리가! 사람들은 아무래도 교육 이야기에 '질린' 듯합니다. 질리는 데는 질릴 만한 나름의 이유가 있기 때문에 불만을 말해도 소용없습니다. 게다가 제가 이번에 쓴 책은 '교육에 대해 뜨겁게 논하는 것은 좋지 않다'라는 사실을 '뜨겁게'

논하는 책입니다(이상한 책이죠!).

"정치인과 언론, 교육 관료들은 제발 부탁이니 교육은 현장에 맡기고 그냥 내버려두시라!" 이것이 이 책에서 강조하는 제언입니다. 그렇다고 제가 그냥 내버려두는 것만으로 교육문제가 해결된다고 믿을 만큼 낙천적인 사람은 아닙니다. 하지만 그냥 내버려둠으로써 최소한 교육이 더 나빠지는 것은 막을 수 있다는 강한 확신이 있습니다.

'이제 겨우' 사람들이 교육에 대해 논하는 것에 질린 상태이니, 정치인이나 재계 여러분, 교육 관료 여러분은 교육에 관한 일은 잊고 금융위기 해결에 전심전력을 다해주셨으면 합니다. 혹시 그분들 중에 이 책을 집어든 분이 계시다면, 가능하면 책을 펼치지 마시고 원래 있던 자리에 그대로 돌려 놓아주실 것을 부탁드립니다. 정말로.

우치다 타츠루

교육을 개혁한다는 것은 학교에 대한 신뢰,
교사들의 지적·정서적 자질에 대한 신뢰를 유지하면서,
동시에 학교를 신뢰하기에 부족한 점,
교사들의 문제점을 음미하는 것입니다.
이는 마치, 자동차를 고속으로 몰면서
동시에 고장 난 부분을 수리하는 것과 같은 일입니다.

교육은 타성이 강한 제도다

―　　　　　　　　안녕하세요. 첫 만남이니 저부터 문제를 제기하고자 합니다. 갑자기 앞질러 나가서 결론 부분까지 무심결에 지껄일지도 모르고, 이해하기 힘든 용어도 나오겠지만, 앞으로 같은 이야기를 다른 각도에서 몇 번이나 하게 될 테고, 반복해서 듣다 보면 제가 자주 사용하는 기묘한 용어의 의미도 점차 익숙해지리라 기대하고 있습니다.

토니 블레어가 영국 총리직에 취임했을 때 의회에서 이런 말로 박수갈채를 받았다고 합니다.

"무엇보다 먼저 실행하지 않으면 안 되는 정치적 과제 세 가지가 있는데, 그것은 교육, 교육 그리고 교육입니다."

아마 영국의 사회 부조리의 근본 원인이 교육에 있다는 데 국민적인 합의가 있었기 때문일 것입니다. 일본에서도 아베 총리가 취임한 직후 '교육재생'을 가장 시급한 과제로 들었습니다. 왜 위정자들은 취임만 하면 일단 교육문제를 최우선 정치 과제로 드는 걸까요? 물론 여기에는 이유가 있습니다. 교육에 관해서는 어떤 정책을 시행해도 실정이라고 비난받을 가능성이 없기 때문입니다.

교육은 타성이 강한 제도입니다. 그래서 입력 후 출력의 변화가 결과로 드러나기까지 오랜 시간이 걸립니다. 빨라도 수 년, 경우에 따라서는 십 년, 이십 년이 걸릴 때도 있습니다. 총리가 우선적인 정책 과제로 들었다고 해서 곧바로 바뀌는 것은 아닙니다. 만약 이십 년 정도 총리직에 있을 수 있다면, 은퇴할 때는 자신이 이십 년 전에 도입한 교육 정책의 옳고 그름에 대해 증명이 가능할지도 모릅니다. 그러나 이삼 년의 재임 기간으로는 정책이 성공했는지 여부는커녕 재임 중에 그 정책이 시행되는 것을 보는 것조차도 불가능할 것입니다(실제로 아베 총리는 재임 중에 볼 수 없었습니다). 그러므로 교육개혁을 말하고 있는 한, 정치인은 자신의 실정에 대해 비난받을 걱정이 없습니다. 아무리 말도 안 되는 정책을 제언해도 그것이 실증적으로 '말도 안 된다'는 것을 재임 중에 추궁당할 염려가 없으니까요. 정책에 그다지 자신 없는 정치인들이 너도나도 일단 '교육개혁'을 입에 담습니다. 정치인뿐만이 아닙니다. 교육을 논하는 입장에 서 있는 모든 사람들에게 똑같은 논리가 적용됩니다. 물론 지금 여기서 교육을 말하는 저 자신도 예외는 아닙니다.

우리는 지금부터 교육에 대해 얘기하겠습니다만, 그 논의의 옳고 그름은 상당 기간이 지나지 않는 한 검증할 수 없습니다. 그래서 일단 우리는 교육에 관해서는 자신이 말한 오류의 책임을 짊어질 위험에서 벗어나, 말하고 싶은 것을 자유롭게 말할 수 있습니다. 저는 바로 이 사실을 우리가 앞으로 교육을 논할 때 스스로 조심하고 경계해야 하는 것으로 먼저 제시하고자 합니다.

자신이 말한 것의 옳고 그름을 검증당하는 위험에서 해방되어 자유롭게 말할 수 있을 때, 그 절도를 지키기는 매우 어렵습니다. '교육을 말할 때 우리는 무심코 과도하게 단정적이다' 이것이 '교육은 타성이 강한 제도'라는 말에 담긴 두 번째 함의입니다.

'타성이 강하다'를 쉽게 풀어 설명하면 '둔하고 굼뜨다'는 겁니다. 핸들을 꺾어도 좀처럼 감이 오지 않는 자동차를 운전할 때의 기분을 떠올려보세요. 그럴 때 우리 동작은 무심코 커지고 과장되기 십상입니다. "이 정도는 얘기해줘야 해" 같은 변명거리가 생기고, 평소보다 훨씬 폭력적이고 관대함이 결여된 사람이 되지요. 마찬가지로 교육을 말할 때면 누구라도 거의 예외 없이 자신도 모르게 열을 내면서 과도하게 단정적인 사람이 되곤 합니다. 자기 의견에 반대하는 사람에게 필요 이상으로 적대적인 태도를 취하기도 하고요. 아마도 교육이란 것이 타성에 젖어 있기 때문일 겁니다.

교육의 근본적인 개혁은 불가능하다

이처럼 타성이 강한 제도인 교육은 커다란 바위가 내리막길을 데굴데굴 굴러가는 것과 비슷합니다. 그 방향이 아무래도 좀 위험하다 싶어도 구르는 바위를 사람의 힘으로 붙들어 세울 수는 없습니다. 그러다가는 그 돌에 그대로 깔리고 맙니다.

교육을 붙들어 세우려면 불시에 법조문 한 장을 가져와 학교교육을 일단 '정지'시키면 됩니다. 전국의 모든 학교를 폐쇄하고 교사를 해고하고 교육과정을 모두 없애고 아이들에게 '다음 학교'가 정비될 때까시 집에서 놀게 하는 겁니다. 하지만 그런 일이 가능할 리가 없습니다. 완력으로 학교교육 정지를 시도한 독재자가 없었던 것은 아닙니다. 중국의 마오쩌둥과 캄보디아의 폴 포트는 그렇게 했습니다. 그 결과 거의 한 세기에 걸쳐 그 나라 국민의 교육수준에 돌이킬 수 없는 상처가 남았습니다. 우리는 역사에서 그 사실을 배웠기 때문에 '뿌리째 바꾸면서도 신속한' 교육개혁은 실현 불가능하다는 것을 압니다.

교육을 개혁한다고 해도 일단 지금의 교육을 유지하면서 실행할 수밖에 없습니다. 이는 우리가 교육을 이야기할 때 잊어서는 안 되는 구체적인 전제입니다. 그런데 실로 많은 교육론자들은 이 전제를 염두에 두지 않습니다. 아이들이 매일 학교에 와서 교사 말에 귀 기울이지 않는 한, 교육은 물론 교육개혁도 제대로 이루어지지 않습니다. 교육의 기본적인 흐름이 작동하지 않으면서 교육개혁을 할 수는 없는 노릇이니까요.

그런 겁니다. 지금 교실에서 가르치고 있는 학습 내용이 '유용하고 의미 있다'는 것을 부정한다면 교육은 성립하지 않습니다. 지금 가르치고 있는 현장의 교사들이 현행법을 준수하면서 교육을 수행하고 있다는 사실을 부정하면 교육은 성립하지 않습니다.

아이들에게 "여러분이 지금 교실에서 배우고 있는 것은 아무런 의미도 없을지 모릅니다" "여러분 앞에서 말하고 있는 교사들은 잘못된 것을 말하고 있을지도 모릅니다" "현재 이루어지고 있는 교육은 아주 병들어 있습니다" 하고 말하다가, 어느 날 갑자기 "여러분, 정치인 주도로 교육개혁이 단행되었습니다. 따라서 오늘부터 교실에서는 의미 있는 것만 가르치고 교사들은 누구 하나 틀린 이야기를 하지 않을 겁니다"라고 목청 높여 선언해도, 아무도 그 말을 믿지 않을 것입니다.

아이들에게 학교와 교사에 대한 불신을 조직적으로 각인시키면서 아이들이 학교와 교사에게 전폭적인 신뢰를 보내도록 하는 것은 불가능합니다. 이 정도 사실은 누구나 알 수 있을 텐데, 이것조차 모르는 사람이 교육을 논하고 있는 것이 현실입니다.

교육제도는 그 점에서 연금제도와 다릅니다. 연금이라면 사회보험청에 대한 불신이 높아도 안심할 수 있는 연금제도 담당기관을 만들 수 있습니다. "제도개혁이 이루어졌기 때문에 앞으로의 연금은 안심해도 된다" 하고 약속할 수 있습니다. 정치도 똑같습니다. 국회의원은 이론적으로는 선거로 "전부 바꿔!"가 가능합니다. 국회의원 전부가 새로운 얼굴로 바뀌어도 국회가 제 기능을 하지 못하는 일은 일어나지 않습니다. 실제로 일본은 총리가 갑자기 사퇴하여 정치적 공백이 생겨도 외교 위기든 통화 위기든 그 어떤 일도 일어나지 않았습니다.

학교는 그럴 수 없습니다. 근본적인 교육개혁을 하려면 현행 학교제도를 일시적으로 정지할 수밖에 없기 때문입니다. 아이들에게 아무것도 가르치지 않는 '공백 기간'을 두지 않는 한, 근본적인 교육개혁은 있을 수 없습니다. 그리고 그 공백 기간은 국민의 지적·정서적 성숙에 치명적인 손상을 입히게 됩니다. 무언가를 근본적으로 바꾼다는 것은 그런 것입니다.

자동차 상태가 나쁠 때 "운전하고 있는 상태에서 수리하고 싶다"고 말하는 사람은 없을 겁니다. 누구라도 시동을 끄고 정비소에 맡깁니다. 그리고 그동안에는 불편해도 지하철이나 버스로 출퇴근을 하죠. 하지만 교육제도는 그럴 수 없습니다. 교육제도를 개혁한다는 것은 '고장 난 자동차를 운전하고 있는 상태에서 수리한다'는, 일종의 고난이도 곡예에 비유할 수 있는 어려운 일입니다. 이 정도면 교육개혁이 얼마나 곤란하고 게다가 복잡한 조작을 필요로 하는지 상상할 수 있을 겁니다.

교육을 개혁한다는 것은 학교에 대한 신뢰, 교사들의 지적·정서적 자질에 대한 신뢰를 유지하면서, 동시에 학교를 신뢰하기에 부족한 점, 교사들의 문제점을 음미하는 것입니다. 제도에 대한 신뢰를 유지하면서 동시에 개혁해야 할 점을 냉정하게 점검하는 것은 마치 자동차를 고속으로 몰면서 동시에 고장 난 부분을 수리하는 것과 같은 일입니다.

영화 〈스피드〉에서는 키아누 리브스가 시속 80킬로미터로 질주하는 버스에서 폭탄을 제거하려고 고군분투하는 장면이 나오는데, 교육개혁은 그런 복잡하고 정교한 조작을 필요로 합니다. 그런 사실을 감안하지 않은 채 내놓는 교육개혁 제언들은 이론적으로는 이치에 맞을지 모르겠지만 현실성은 전혀 없는 제언이 되기 쉽습니다.

교육개혁의 주체는
바로 우리들이다

많은 개혁론자들은 학교교육의 실패 사례를 가능한 한 많이 열거하는 것부터 시작합니다. "여기도 나쁘다" "저기도 고장이다" "여기는 손도 댈 수 없다" 같은 말만 되풀이합니다. 정치인도 평론가도 학교교육은 "안 된다"고 입을 모아 말합니다. 그 덕분에 교육개혁이 시급히 해결되어야 할 과제라는 것에 대한 국민적 합의는 형성되었습니다. 하지만 놀랍게도 너무나 놀랍게도 그 교육개혁을 도대체 '누가' 담당하는가에 대해 생각하는 사람은 거의 없었습니다. 모두 '누군가 하겠지'라고 생각합니다. 이는 우리가 중요한 공적 문제를 얘기할 때 종종 빠지기 쉬운, 눈에 잘 띄지 않는 함정입니다. 문제가 심각하면 할수록 그 문제를 해결하기 위한 일들을 '누군가 하겠지'라고 생각합니다. '그만큼 중대한 문제라면 그렇게 방치할 리가 없어. 틀림없이 책임자가 나타나서 제대로 처리해줄 거야'라고 믿어버리는 겁니다. 문제가 중대할수록 시시비비를 따지는 것만으로 시민의 의무는 다했다고, 그 다음 뒷수습은 '누군가'가 할 거라고 생각합니다. 하지만 그만큼 심각한 문제라면 개인의 노력으로 해결할 수 있는 수준이 아닙니다. 제도상 문제가 심각해질수록 시민 한 명 한 명의 책무가 애매해지는 것이 – 경우에 따라서는 그 책무조차도 사라지는 것이 – 공적 문제를 논할 때 빠지기 쉬운, 눈에 잘 띄지 않는 함정입니다. 지금 우리는 명백히 그 함정에 빠져 있습니다.

말만 하고 아무것도 하지 않는 것은 우리 사회에 만연하고 있는 일종의 '국민병'입니다. 텔레비전에서도 신문에서도 식자들이 예리한 사회비판을 펼치고 있는 덕분에 국민들은 다양한 문제가 있다는 것을 잘 알고 있습니다. 하지만 '그 문제를 누가 해결하는가'에 대해서는 아무도 언급하지 않습니다. 텔레비전에서 "이 나라는 도대체 어떻게 되는 걸까요?" 하고 미간을 찌푸리며 말한 다음 곧바로 "그럼 다음은 스포츠 소식입니다" 하며 화제를 바꾸는 아나운서가 그런 일을 생각하지는 않을 것 같습니다. 어쩌면 텔레비전을 보고 있는 누군가가 '아, 이건 내가 할 일이야' 하고 자각해서 황급히 문제 해결에 나서는 낭만적인 상황을 꿈꾸고 있는지도 모릅니다. 하지만 그런 일은 일어나지 않습니다. 절대로.

사회제도의 결함을 바로잡는 것은 '우리들'입니다. "책임자 나와!" 하고 외쳐도 아무도 나오지 않습니다. 국민이 주인인 민주국가에서 사회제도 결함의 책임자는 국민 자신입니다. 교육개혁도 마찬가지입니다. 교육제도에 문제가 있다면, 그 문제를 해결하지 않으면 안 되는 사람은 '우리들'입니다. 자기가 할 일은 제도 결함의 시시비비를 따지는 것뿐이고, 결함을 고치는 것은 '다른 누군가'의 일로 생각한다면 그것은 옳지 않습니다.

"이런 교육을 누가 만들었냐, 어쨌든 바꿔라!" 하고 규탄하는 사람들은 2차 세계대전이 끝나고 미국이 점령군의 자격으로 단행했던 교육개혁 같은 것을 꿈꾸고 있는지도 모릅니다. 압도적인 군사력과 경제력을 가진 '외부 세력'이 나타나 강력한 힘으로 모든 것을 바꿔버리는….

교과서에 먹물 칠해가며 어제까지 "팔굉일우八紘一宇!"*를 외치던 교사들이 하룻밤 사이에 민주주의의 깃발을 흔들던 그때는, 교사들이 다 알아서 하니까 국민은 개혁의 주체일 필요가 없었지요. 그러나 다행히도, 혹은 불행하게도 이제 더 이상 "일본의 교육제도, 이대로는 안 되니까 고쳐라!" 하며 군사력을 동원해 명령하는 세력은 존재하지 않습니다. 제도를 개혁할 책임은 백 퍼센트 우리에게 있고, 현실적으로 교육평론가들이 "도무지 도움이 안 된다"며 실컷 매도한 교사들이 그 주력 임무를 맡는 길 외에 달리 방법이 없습니다.

교사를 격려하고
용기를 북돋워야 한다

교육제도를 완전히 새롭게 바꾸는 일은 불가능합니다. 때문에 교육개혁은 기존 조직과 교사의 잠재적인 가능성을 어떻게 최대화 할 수 있는가 하는 국민적 과제로 수렴됩니다. 곧 교육개혁의 성패는 교육개혁을 추진할 현장 교사들의 잠재력을 어

---

* 온 천하를 한 집안처럼 통일함. 2차 세계대전 때 일본이 '대동아 공영권' 건설을 내세워 해외 침략을 정당화하기 위해 내건 구호로 쓰인 말. _ 역자 주

떻게 최대한 끌어올릴지에 달려 있는 것입니다. 그러면 그 '어떻게'란 무엇인가? 교사들을 상명하복 조직의 예스맨으로 길러내서? 교육기술을 매뉴얼화해서? 엄격한 근무평가를 통한 능력별 등급 매기기로?

경험이 풍부한 비즈니스맨이라면 이런 인사관리 정책은 비용절감과 불확정 요소를 배제하는 효과는 있어도 '성취도 향상'으로는 연결되지 않는다는 사실을 잘 알고 있을 겁니다.

우리 교육이 추구해야 할 것은 비용절감과 조직의 경직화가 아니라, 교사들의 교육적 성취도를 향상시켜서 그들의 잠재력을 최대한 끌어올리는 겁니다. 현장 교사들을 위해 창의적인 기운이 충만한, 일하기 좋은 환경을 만드는 데 전력을 다해야 한다고 생각합니다. 아마 정치인과 지식인, 교육관료들의 생각과는 정반대일 것입니다. 그들은 어떻게 하면 교사를 겁먹게 만들고 무기력하고 비굴한 존재로 만들지에만 골몰하고 있으니까요.

제가 대학에 있었던 지난 삼십 년이란 시간에 한정시켜 말하면, 문부성의 행정지도 중에 '교사에게 자신감을 주고, 용기를 북돋워주고, 자존감을 불러일으키는 것'을 목적으로 입안된 정책은 하나도 없었습니다. 만약에 하나라도 입안했다면 그 관료의 머릿속에 '이 정책으로 교사의 성취도가 향상될 것'이라는 전망이 있었을지도 모르겠습니다만, 안타깝게도 그 생각은 현장에 전달되지 않았습니다. 물론 저는 현행 교육제도가 다양한 결함을 갖고 있고, 우리 앞에 능력이 떨어지는 교사, 의욕이 없는 교사, 도덕적 감수성이 낮은 교사가 있다는 사실을 인정합니다. 하지만 우리들은 기존에 확보하고 있는 인적자원, 질 낮은 교사들을 포함해, 이들과 함께 어떻게든 방법을 찾을 수밖에 없는 상황입니다.

현재 우리에게 있는 자원으로 꾸려가는 최선의 방법은 일단 눈앞에서 벌어지고 있는 교육 붕괴를 최전선에서 막고 있는, '의욕 있고 능력 있고 도덕적 감수성도 높은' 교사들의 활동을 지원하고, 그들의 잠재력을 최대한으로 끌어올려 제도상의 하자가 초래하는 부정적인 측면을 만회하는 것입니다. 교사들이 창의성을 발휘해서 새로운 교육방법을 고안하고 실험하며 논의하고 연대할 수 있는 그런 생산적인 환경을 만드는 것, 그것이 우리에게 허용된 유일한 교육개혁 방향이라고 생각합니다. 그러므로 다음 내용만큼은 여러분들과 합의를 이뤘으면 좋겠습니다.

- 교육제도는 타성이 강한 제도여서 쉽게 바꿀 수 없다.
- 교육에 관한 논의는 (제가 제기한 논의도 포함해서) 과도하게 단정적이고 독선적으로 되기 십상이다.
- 교육제도는 일시정지시킨 상태에서 근본적인 보수를 할 수 없다. 제도의 하자는 지금 눈앞에 있는 '하자 있는 제도'를 통해서 바로잡을 수밖에 없다.
- 교육개혁은 교사들이 담당할 수밖에 없다. 인간은 비판과 검열, 통제를 받으면서 성취도가 향상되는 것이 아니라, 지지받거나 용기를

얻고 자유로워짐으로써 그 잠재력을 최대한으로 발휘할 수 있다.

대략 이 정도를 앞으로 제가 말하려는 교육론의 전제로 받아들여주셨으면 좋겠습니다. 물론 벌써 이 단계에서 "당신이 말하는 것에 동의할 수 없다"고 말씀하시는 분이 계실지도 모르겠습니다만, 그런 분들도 조금 더 참고 다음 장까지 함께했으면 좋겠습니다. 차근차근 읽다보면 제가 왜 이런 제안을 하게 되었는지 논리적인 맥락을 이해해주시지 않을까 싶습니다.

2

교육은
비즈니스가
아니다

교육의 중심은
'가르침과 배움의 만남'에 있습니다.
그 만남 속에서 교사와 아이,
양쪽 어디에도 속하지 않는
새로운 것이 탄생하기 때문입니다.

교육이 비즈니스가
아닌 이유

───
　　　　　　　　　　　우리는 많은 사람들이 '교육에도 비즈니스 마인드가 필요하다'고 말하는 시대에 살고 있습니다. 아니 저도 과거에는 교수회의에서 꽤 선동적으로 "교육에 비즈니스 마인드가 필요하다"고 말해서 '상아탑'을 사랑하는 동료들의 분노를 사곤 했습니다.

　물론 대학도 돈이 없으면 돌아가지 않습니다. 입학생을 제대로 확보하지 못하면 대학이 추구하는 교육을 할 수 없습니다. 그렇기 때문에 세속으로부터 초연한 이야기만 하고 있을 수는 없는 노릇입니다. 그러나 '학교재정을 흑자로 만들기 위해서 어떤 교육을 하면 될까?' 생각하는 것과 '우리들이 하고 싶은 교육을 하기 위해서는 재무 상태를 어떻게 개선시켜야 할까?' 생각하는 것은, 얼핏 비슷해 보여도 그 방향은 전혀 다릅니다.

　학교는 영리기업이 아닙니다. 수익을 올리기 위해 투자자를 모집해서 시작한 것이 아니라는 뜻입니다. 오히려 학교는 원래부터 '이익이 창출되지 않는 곳'이고, 여러 사람에게 지원을 받아서 '가까스로 만들어진 곳'이라고 이해하는 편이 낫습니다. 그러므로 '어떻게 이익을 올릴까'가 아니라, '어떻게 더 많은 지원을 받을 수 있을까'로 고쳐 물을 필요가 있다고 생각합니다. 이 '지원'이라는 것은 '출자'와 다릅니다. 확실한 배당을 목표로 한 지원 같은 건 받을 수 없습니다. 미안한 이야기입니다만, 이 논리는 지원하는 쪽이 예상보다 더 많은 비용을 부담하게 되는 것을 의미합니다. 게다가 그 결실이 부담한 비용에 상응하는 형태로 지원한 사람에게 되돌아오는 것도 아니고, 다른 형태로, 그것도 곧바로 돌아오지 않고 '언젠가' 돌아옵니다. 즉, 학교제도는 투여한 것과 다른 형태로 그 결과가 '언젠가 돌아오는' 그런 제도입니다. 오로지 비즈니스 마인드만 있는 사람은 이런 호흡이 좀처럼 이해되지 않을 겁니다. '교육에도 시장 원리, 경쟁 원리를 도입하자' '경영을 게을리하는 학교는 시장에서 도태되어 퇴출당해야 한다, 그것이 공정한 것이다' 같은 생각들은 매우 명확하고 설득력 있어 보입니다. 그러나 이분들은 교육과 비즈니스가 다루고 있는 '시간'이 서로 다르다는 것을 잊고 있습니다. 비즈니스는 무無시간 모델입니다만 교육은 그렇지 않습니다. 먼저 이 이야기부터 해보기로 하죠.

시간의 가치를 인정하지 않는 시장

여러분도 아시다시피 비즈니스 세계는 입력과 출력 사이에 시간차가 없는 것을 가장 이상적으로 봅니다. 예를 들면 어떤 상품을 개발할 때, 기획안이 나오고 상품화가 되어 시장에 나오기까지의 시간차는 가능한 한 짧아야 합니다. 당연한 이야기입니다. 상품이 나오면 시장은 그에 반응하게 될 텐데, 훌륭한 상품이라면 매상이 오르고, 인기가 없으면 곧바로 시장에서 퇴출당합니다.

비즈니스 상식 중 하나가 '시장은 틀리지 않다'입니다. 경영의 성패는 시장에 의해 곧바로 검증됩니다. 시장이 거절한 상품과 비즈니스 모델은 본인이 아무리 훌륭하다고 우겨도 누구도 상대해주지 않습니다. 바로 이것이 비즈니스의 기본 법칙입니다.

자신이 한 일에 대해 곧바로 판정을 내려주기 때문에 비즈니스는 재미있습니다. 즉, 옳은 일을 했기 때문에 성공한 것이 아니라 성공했기 때문에 옳은 것이죠. 그래서 비즈니스 세계에서 투자부터 그 성패 판정까지의 시간은 가능한 한 짧을 필요가 있습니다. 어쨌든 '시간은 돈'이니까. 시간은 돈이라는 말은 시간을 화폐로 치환할 수 있다는 뜻입니다. 시간이 걸린다는 것은 단적으로 그만큼 '돈이 든다'는 것이지요. 신제품을 만들었는데 시장이 곧바로 반응하지 않을 때, '언젠가 팔리지 않을까?' 기대하며 기다리는 것은 용납할 수 없습니다. 팔리지 않는 상품의 생산라인을 유지하며 노동자에게 월급을 주고 재고를 늘리는 것은 '손실' 이외에 아무것도 아니니까요.

시간은 돈이라는 말은, 시장에서는 모든 흐름과 활동이 '시간차 제로' 지점에서 이루어지는 것을 가장 이상적으로 여긴다는 뜻입니다. 그렇기 때문에 도쿄 증권거래소와 뉴욕 증권거래소에서 인터넷 주식매매를 했는데 소수점 몇 자리 시간차로 뉴욕 증권거래소가 이기는 일도 일어날 수 있는 겁니다.

컴퓨터를 떠올려 봅시다. 자판을 누르고 나서 입력한 문자가 화면에 나타나기까지의 시간차가 제로인 것이 이상적이겠죠. 누르고 나서 화면에 문자가 표시되기까지 일 초라도 시간차가 있으면 사용자는 스트레스를 받습니다. 만약 일 분 뒤에 겨우 한 글자가 화면에 나타난다면 그 컴퓨터로 문서 작성은 거의 불가능할 겁니다.

제가 앞에서 교육은 타성이 강한 제도라고 말한 것은, 교육은 자판을 누르고 나서 문자가 표시되기까지 긴 시간이 걸리는 시스템이라는 뜻입니다. 그뿐만이 아닙니다. 교육은 공들인 것과는 다른 모양새로 다른 시간, 다른 곳에서 되돌아오는 시스템입니다. 비유적으로 표현하자면, 자판을 두드리면 화면에 문자가 뜨는 게 아니라 사흘 후에 그림엽서가 도착한다든지 삼 년 뒤 호박을 두 개 받게 된다든지 하는 식으로, 그게 어떻게 그렇게 되었는지 도통 알 수 없는 흐름으로 이루어지는 것이 교육이라고 생각합니다.

비즈니스맨은 그런 시스템이 존재한다는 그 자체를 믿지도, 용납하지도 않습니다. 비즈니스맨의 생리와 논리에 반하기 때문입니다. 저는 그 판단이 당연하다고 생각합니다. 그러나 미안한 이야기입니다만, 교육은 '그런 것'입니다.

변화를 바라지 않는 사람들

── 교육은 입력부터 출력까지 시간이 걸립니다. 주고받는 것이 상품이나 서비스가 아닌 '사람'이기 때문입니다.

타성이 강하다는 것은 작은 입력에 의해서는 변화하지 않는다는 것이고, 작은 입력으로는 변화하지 않는다는 그 점이 학교제도가 존재하는 한 가지 방식이라고 생각합니다. 예를 들면 '학교문화'라는 것이 있습니다. 대체로 이 문화는 변화를 싫어합니다.

  제가 몸담고 있는 대학에는 삼만 명의 회원을 둔 동창회가 있는데, 그 동창회 멤버들이 바라는 것 중 하나는 '자기 학교가 자신들이 다녔을 때와 다를 바 없이 그대로였으면 좋겠다'입니다. 졸업생들은 똑같은 캠퍼스, 똑같은 교실에서 가능하면 똑같은 교사에 의해, 똑같은 수업이 이루어지기를 무의식적으로 바랍니다. 옛날과 조금도 다르지 않은 교육이 이루어지고 있는 것을 학교가 현시대의 요구와 시대 흐름을 따라가지 못하는 결점으로 보는 것이 아니라, 오히려 시대를 초월한 가치 있는 교육을 하고 있다는 장점으로 해석합니다. 그런 해석을 하는 사람은 아마 졸업생들뿐일 겁니다. '변화하지 않는 것'을 추구하는 강한 욕망이 모교에 대한 강한 소속감이나 애착과 얽혀 있다는 점을 간과할 수 없습니다. 그러므로 졸업생들은 자신이 나온 학부나 학과가 사라지는 것, 자신이 수강한 과목이 없어지는 것에 충격을 받습니다. 그것은 마치 그들에게 "당신이 들었던 수업은 이제 시대에 뒤떨어져서 무의미한 것이 되었다"고 선고하는 것과 같기 때문입니다. 이 사례만으로도 교육이 비즈니스의 틀로는 설명하기 힘들다는 것을 잘 아시겠지요. 모교의 학풍과 교육이념, 교육방법이 바뀌지 않기를 바라는 졸업생들은, 이를테면 어떤 상품을 구입해서 소비한 뒤에도 그 상품이 모양을 바꾸지 않고 시장에 계속 공급되어 계속 판매되기를 바라고, 이를 위해서는 자기가 따로 비용을 부담해서라도 제조업자를 응원하고 싶어 하는 소비자 같은 존재입니다. 이해하기 어려운 비유일지 모르겠습니다만, 오히려 현실에서는 그런 소비자가 존재하지 않기 때문에 이런 난해한 비유를 들 수밖에 없습니다.

사립학교의 경우 졸업생들은 학교의 중요한 구성원입니다. 그들의 의향을 존중하고 그들로부터 강한 지지를 받지 못하면 학교 경영을 유지할 수 없습니다. 이에 반해 영리기업은 구조적으로 변화를 추구합니다. 그렇지 않으면 금방 도산해버리겠죠. 이렇듯 사립학교는 일반 영리기업이 가질 수 없는 다른 틀에 의해 유지되고 있는 셈입니다.

교육의 이해당사자는 누구인가

─── 그렇다면 학교의 대주주는 도대체 누구일까요? 정부, 지자체 교육위원회, 교사, 아이들, 학부모, 지역사회, 사교육, 대중매체 등 이 밖에도 얼마든지 더 나열할 수 있습니다. 이렇게 보면 주주의 수는 영리기업에 뒤지지 않을 만큼 많습니다. 그런데 교육에서는 비즈니스의 '상품'에 해당하는 거래의 중심이 물건으로 존재하지 않습니다. 게다가 관계된 사람들이 무수히 많음에도 그들이 도대체 무엇에 관여하는지 잘 알 수 없습니다.

교육의 중심에는 무엇이 있을까요? 교육을 둘러싼 모든 인간 활동이 '그것'을 중심으로 편성되어 있다면, 도대체 '그것'은 무엇일까요?

먼저 이 물음을 생각해보기로 합시다. 문제는 그렇게 어렵지 않습니다. '그것 없이는 교육이 성립하지 않는 것'이 무엇인지 알아보기 위해, 위에서 들었던 항목들을 하나씩 제거하고 마지막에 남는 것을 생각해보면 됩니다.

정부와 지자체 교육위원회는 당연히 아닙니다. 이들이 있다고 해서 교육이 제대로 이루어지는 것은 아닙니다. 오히려 없을 때 제대로 굴러갑니다. 아시는 바와 같이 에도江戶시대에도 교육은 아주 잘 기능하였습니다. 문맹률을 기준으로 일본의 교육 수준을 얘기하자면, 에도시대 교육 수준은 세계 최고였습니다. 지금과 같이 '있어야 할' 학교의 모습과 학습지도 요령을 결정하는 교육부가 존재한 것도 아닙니다. 막부 말기, 최강의 교육기관을 꼽으라 하면 이론의 여지없이 요시다 쇼우인吉田松陰의 마츠시타 마을학교松下村塾입니다. 이것은 원래 요시다의 숙부인 타마키 분노신玉木文之進이 좁은 자택에서 열었던 작은 사설학원이었습니다. 오카타 코우안緖方洪庵의 서당도 석양이 비치는 좁은 방에 청년들이 꽉 들어차서 벌거벗은 채로 책을 읽고 있었다고 하니, 오늘날의 대학 설립 기준에 비추어 보면 일단 학교 설립은 불가능했을 겁니다(교지 면적 부족과 소방법 위반으로 말이죠).

중앙집권적인 교육행정이 아니더라도, 교육기관의 조건을 규정하는 법률이 없어도 교육이 이뤄지는 데는 아무런 지장이 없었습니다. 이것은 중요한 전제이니 꼭 기억해두세요. 그러면 보호자는 어떻게 되는 걸까요? 이것도 정확하게 말하자면 교육의 불가결한 요소는 아닙니다. 보호자인 학부모가 없어도 교육에는 아무런 지장이 없습니다. 아니, 근대 공교육에서 학교의 역사적 사명은 '부모로부터 아이를 보호하는 것'이었습니다.

부모로부터 아이를
보호하는 제도

'의무교육'이라는 말이 있습니다. 대부분 아이들은 학교에 다닐 '의무'가 있다고 생각하겠지만, 그것은 오해입니다. 의무를 지는 쪽은 부모와 국가입니다. 일본 헌법 제26조 1항은 다음과 같습니다. '모든 국민은 법률이 정한 바에 따라 그 능력에 맞게 똑같이 교육을 받을 권리를 갖는다.' 같은 조 2항에는 다음과 같이 나와 있습니다. '모든 국민은 법률이 정한 바에 따라 그 보호할 자녀에게 보통교육 시킬 의무를 진다. 의무교육은 무상으로 한다.'*

---

* 대한민국 헌법 [제31조]
  ① 모든 국민은 능력에 따라 균등하게 교육을 받을 권리를 가진다.
  ② 모든 국민은 그 보호하는 자녀에게 적어도 초등교육과 법률이 정하는 교육을 받게 할 의무를 진다.
  ③ 의무교육은 무상으로 한다.
  ④ 교육의 자주성·전문성·정치적 중립성 및 대학의 자율성은 법률이 정하는 바에 의하여 보장된다.
  ⑤ 국가는 평생교육을 진흥하여야 한다.
  ⑥ 학교교육 및 평생교육을 포함한 교육제도와 그 운영, 교육재정 및 교원의 지위에 관한 기본적인 사항은 법률로 정한다. _편집자 주

보시는 바와 같이 아이에게는 교육 받을 '권리'가 있을 뿐이고 의무는 없습니다. 아이를 학교에 다니게 할 의무를 지는 것은 부모입니다. 교육을 시켜야 하는 의무가 왜 부모에게 발생하는 것일까? 교육사를 살펴보면 알겠지만 부모의 혹사로부터 아이들을 보호하기 위함입니다. 지금 우리는 '아동 노동'이라는 것을 실감하지 못합니다만, 산업혁명 이래 아이들은 소모품에 가까운 취급을 받았습니다. 마르크스가 『자본론』을 쓰게 된 동기 중 하나는 동시대 영국 아동의 노동 실태였습니다. 마르크스는 『자본론』 제1권의 제3편에서 '절대적 잉여가치의 생산'을 논하면서 노동 착취의 두드러진 예로 아동 노동을 보도한 당시의 신문기사를 인용하고 있습니다.

새벽 두세 시에 9살, 10살 된 아이들을 더러운 침대에서 두들겨 깨워 근근이 목숨이 끊어지지 않을 정도로 밤 10시, 12시까지 무리하게 일을 시킨다. 그들의 손발은 마르고 체구는 쪼그라들어 있고, 얼굴 표정은 돌처럼 경직되어 겉으로 보기에도 비참한 모양새를 하고 있다. 특히 성냥 제조업은 비위생과 불쾌함 때문에 아주 평판이 나빠 기아에 허덕이는 노동자 계급 중에서도 가장 가난한 하층민만이 아이를 보내는 형국이었다. 그 공장으로 오는 아이들은 '넝마를 두른 아사 직전의, 교육을 전혀 받지 못한 아이들'이다. 270명이 18세 미만, 40명이 10세 미만, 그중 10명이 8세, 5명은 6세였다. 노동 시간은 12~15시간에 이르고, 식사도 불규칙한데다가 그마저도 대부분 질소독에 오염된 작업장 안에서 먹어야 했다.

그 무렵 리버풀과 맨체스터의 방직공장 자본가들은 고아, 빈민 아동을 모아 낮은 임금을 주며 탄광 같은 위험한 곳에서 중노동을 시켰습니다. 물론 학교에 다니지 않았기 때문에 아이들은 글을 읽지 못했고 사칙연산도 할 수 없었으며, 어릴 때부터 술과 도박을 배우거나 소녀들은 매춘을 했습니다. 고된 노동과 비위생적인 환경에서 잘 먹지도 못해 빨리 죽었습니다. 마르크스는 이러한 비인간적인 노동 환경으로부터 아이들을 보호하기 위해 '노동가치설'을 전개했고, 이와 비슷한 역사적 상황에서 '의무교육'도 생겨났습니다. 결국, 의무교육은 '부모와 고용자의 권력 남용'으로부터 아이들을 지키기 위한 장치였습니다. 그러므로 일본 헌법에서도 의무교육을 규정하는 제26조 다음 제27조 3항에는 '아동을 혹사시켜서는 안 된다'고 나와 있습니다. 의무교육은 늘 '아동 노동의 금지'와 함께 묶여서 존재하는 제도입니다.

프랑스에서 부모의 아동 학대에 대해서는 엘리자베스 바댕테르 Elisabeth Badinter의 『만들어진 모성』에서 상세하게 기술하고 있습니다. 절대왕권시대는 부모가 아이를 처벌할 권리를 가짐으로써 각 가정이 권력적으로 재편된 시대이기도 했습니다. 1579년, 앙리 3세는 '부모가 동의하지 않는 미성년자의 결혼은 유괴로 간주하여 유괴한 자를 사형에 처한다'고 고지하기로 했습니다. '부친의 징벌권'은 프랑스혁명에 이를 때까지 계속 강화됩니다. 1684년, 루이 14세는 '부모에게 반항한 자, 게으른 자, 방종한 자, 방종하게 될 것 같은 자는 감금한다'고 법령으로 정했습니다. 1763년, 루이 15세의 법령은 '가정의 명예와 평안을 위태롭게 할 가능성 있는 행동을 한' 젊은 남녀에게 적용된 것입니다.

법령은 부모에게 그러한 아이들을 서인도제도 데시라드 섬의 육·해군 관할지에 유배 보낼 수 있는 권리를 주었다. 유배 보내진 아이들은 엄중한 감시를 받고 만족스럽지 못한 식사를 먹으며 가혹한 노동을 강요당했다. 복역기간이 지나 회개한 자는 말리 섬에 토지를 제공받고, 그 뒤에 부모가 희망하면 프랑스로 돌아올 수 있었다.

유럽에서는 오랫동안 예수회가 교육을 담당하였습니다. 16세기에 설립된 이 수도회는 이후 250년 동안 650개 대학을 세우고 수많은 초등 교육기관을 운영하며 19세기까지 유럽의 학교교육을 지탱해왔습니다. 예수회가 교육에서 추구한 것은 무엇보다도 '부모의 징벌권 제약'이었습니다. 이것은 중세로부터 계속되는 교회의 친권 개입 흐름을 담은 것으로, 교회는 다음과 같이 주장하기에 이르렀습니다.

아이는 신이 만든 것이기 때문에 어떤 일이 있어도 선한 크리스트교도가 되지 않으면 안 된다. 부모는 아이를 자기 마음대로 다루어서는 안 되고 죽여서도 안 된다. 신이 준 선물이든 짊어져야 할 십자가든 부모는 아이를 자신의 소유물로 다루어서는 안 된다.

이 흐름은 아이의 응석을 받아주는 문화를 가진 우리에게 다소 이해하기 힘든 것일지도 모릅니다. 예수회 신부 루이스 프로이스Luis Prois는 『유럽문화와 일본문화』에서 말하기를, 유럽의 부모들이 보통 매를 들고 아이들을 징벌하는 데 비해, 일본의 부모들은 말로 나무랄 뿐이라며 양육 문화의 차이를 지적합니다.

이렇듯 유럽에 태동한 의무교육은 국가가 아이에 대한 부모의 징벌이나 고용자의 노동 착취를 규제하기 위해 탄생한 것이라는 역사적 사실을 먼저 확인해두고 싶습니다. 그러므로 학교의 기능은 무엇보다도 '부모로부터 아이를 보호하는 것'에 있었습니다.**

마지막으로 남는 것은 교사와 아이들

이야기가 꽤 옆길로 샜습니다. 교육에서 '그것 없이는 교육이 성립하지 않는 것'은 무엇인가라는 물음에 대해 생각하던 참이었습니다. 지금까지 해온 이야기를 어느 정도 이해하셨으리라 생각합니다만, 학교교육에 부모는 필요 없습니다. 적어도 공교육의 이념을 역사적으로 이해한다면 그렇습니다.

** 의무교육 제도는 나폴레옹 전쟁에서 패배한 프로이센이 부국강병책의 일환으로 처음 도입한 것이다. 산업혁명 시기에 아동의 노동착취를 방지하는 긍정적인 측면도 있었지만, 근대국가 형성기에 부모에게서 아이를 빼앗아 국가의 충실한 신민으로 양성하기 위한 제도라는 부정적인 측면도 있음을 함께 보아야 한다. _ 편집자 주

이런 말을 하면 "말도 안 되는 소리 하지 마!" 하고 몹시 흥분하며 화내는 부모가 있을지도 모릅니다. 지금 우리 눈앞에 보호자와 교사가 공동으로 아이들을 지원하는 'PTA'라는 조직이 있기 때문이죠. 그러나 PTA는 19세기 말 미국에서 생긴 다소 특이한 조직으로, 미국과 일본 이외의 국가에서는 거의 유례를 찾아볼 수가 없습니다. 그리고 일본에 PTA가 생긴 것은 2차 세계대전 직후 일본에 상륙한 연합군 총사령부의 강력한 지도 때문입니다. 왜 연합군 총사령부는 PTA 창설을 강하게 요구했을까요? 논리적으로 생각해보면 군국주의 교육을 했던 교사들이 계속 교단에 서는 상황에서 부모가 교사의 이데올로기적 일탈을 감시하는 것의 유효성을 중요하게 봤기 때문이겠죠. 제가 총사령부 사람이었다면 꼭 그렇게 했을 겁니다.

보호자에 의한 이러한 교육지원(혹은 감시) 조직은 아마 전 세계에 미국과 일본밖에 없을 겁니다. 아이를 부모의 친권이 미치는 범위로부터 떨어뜨려 놓는 것이 의무교육의 첫 번째 의의라는 교육사적 상식은 일본과 미국을 제외한 국가에서는 아직 통용되고 있을 겁니다.

문부성도 필요하지 않고 교육위원회도 필요하지 않고 학부모도 필요하지 않고, 물론 지역사회도 교육의 필요조건이 아닙니다. '측면에서의 지원자'라면 유용할 수도 있겠습니다만, 산업혁명이나 산업자본가 같은 역할을 한다면 없는 편이 훨씬 낫습니다. "대중매체나 언론도 필요 없다" 이렇게 말하면 교육 기자들은 불만이겠죠. 그러나 학교가 없어지고 교육평론가만 남아 있는 세계가 있을 수 없는 이상, 대중매체도 필요 없습니다. 이런 식으로 하나씩 지워나가면 마지막으로 남는 것은 '교사와 아이'뿐입니다. 이들만은 소거할 수 없습니다. 교사가 없는 교육, 아이가 없는 교육 그 어느 쪽도 있을 수 없습니다. 이외의 모든 것은 없어도 가능합니다.

무인도에 표류한 교사와 아이들이 있다고 합시다. 처음에는 야자잎으로 지붕을 만들거나 물고기를 잡겠죠. 어느 정도 입고 먹는 것이 해결되면 교사는 당연히 "자, 그럼 슬슬 공부를 해볼까?" 하고 말을 꺼낼 겁니다. 틀림없이 그럴 겁니다. 그런 말을 안 할 리가 없습니다. 역사와 문학, 신화에 관해서 수학과 천문학, 미술과 음악에 대해 교사는 자신이 알고 있는 모든 것을 아이들에게 전달하려 하고, 아이들 또한 그 이야기에 귀를 기울일 것입니다. 왜 그럴까요? 시험공부에 도움이 되기 때문일까요? 아니면 학력을 쌓아서 좋은 곳에 취직하기 위해서일까요? 이것도 저것도 아니면 문화자본을 체득해서 양극화 사회 상위층에 오르기 위해서일까요? 그 어느 것도 아닙니다. 왜냐하면 여기는 무인도니까요. 하지만 교육하고 싶은 열정과 교육 받고 싶은 욕망은 무인도라 하더라도 아마 크게 다르지 않을 겁니다. 오히려 무인도라서 더 간절히 배움을 원하는 아이도 틀림없이 있으리라 생각합니다. 그것은 교육의 본질이 여기와는 다른 장소, 여기와는 다른 시간의 흐름, 여기에 있는 것과는 다른 사람들 사이를 연결해주는 회로를 뚫는 것이기 때문입니다. 즉, 교육의 본질은 '외부'와의 통로를 열어가는 것입니다. 아이들은 공부를 하고 있는 동안에는 무인도라는 유한한 공간에 갇혀 있다는 것을 잊고 보다 넓은 세계와 연결되는 해방감을 맛보게 됩니다. 사방이 벽으로 둘러싸인 밀실 안으로 어디에선가 신선한 바람이 불어오는 듯한 청량감을 느끼는 것이지요.

지금 여기에 있는 것과는 다른 무언가와 연결되는 것, 그것이 교육의 가장 중요한 기능입니다.

앞에서 예로 들었던 영국의 아동 노동을 생각해보세요. 가혹한 노동에 고통 받는 아이들을 구제해서 학교에 다닐 수 있도록 했다고 칩시다. 그러면 그들은 뭘 배우고 싶어 할까요? 기계공학이나 경제학을 배워서 자기들도 방직공장, 성냥공장의 경영자가 되어 이번에는 다른 아이들을 혹사시키면서 복수를 감행하겠다고 생각할까요? 저는 그렇지 않을 거라고 생각합니다. 그들은 오히려 역사와 외국문학에 매료될 겁니다. 자신들이 알고 있는 사람들, 자신들이 호흡해온 사회 공기, 자신들 위에서 대기압처럼 짓누르던 가치관에는 이미 진절머리가 났기 때문에, 가능하다면 전과는 다른 사람, 다른 사회, 다른 가치관을 만나고 싶은 것이 고통스럽고 힘든 시간을 겪어 온 아이들의 가장 자연스러운 소망 아닐까요?

교육의 중심은 '가르침과 배움의 만남'에 있습니다. 그 만남 속에서 양쪽 어디에도 속하지 않는 새로운 것이 탄생하기 때문입니다. 교사에게도 아이에게도 속하지 않는 것, 그것을 '외부'라 해도 좋고, '타자', '제3자'라 해도 좋습니다. 교육에서 교사 이외의 어떤 주주도 아이와의 대면 상황에서 그러한 제3자를 불러낼 수 없습니다. 오직 교사와 아이의 대면 상황에서만 제3자가 나타납니다. 바로 그곳이 여기와는 다른 장소, 여기와는 다른 시간의 흐름으로 연결되는 회로가 열리는 기적적인 지점입니다. 교사가 그 이외의 주주와 전혀 다르게 기능하는 것은 다름 아닌 이 역할 때문인 것입니다.

  교육을 둘러싼 다른 모든 것들은 '여기'에 속합니다. 정부, 교육위원회, 학부모, 지역사회, 대중매체, 시장, 이 모든 것들은 '여기'를 지배하고 있는 동일한 가치관이라는 대기압의 지배를 받습니다. 예를 들면 지금은 모든 아이들에게 큰 권력, 명예, 풍부한 재화와 문화자본을 획득하여 상위계층에 올라서기 위해 가혹한 경쟁에서 살아남아야 한다고 요구합니다. 부모들에게 전면적으로 교육을 맡기면 아마 '이기는 아이'를 만들려고 할 겁니다. 대중매체에 부탁해도 문부성에 부탁해도 재계에 맡겨도 – 실은 맡기려고 해도 그쪽에서 거부할 테지만 – 역시 '여기의 가치관에 매몰된 아이'를 만들려고 할 것입니다.

  교육의 장場만이, 교사와 아이가 얼굴과 얼굴을 맞대고 있는 장면만이 '여기'의 지배에서 벗어나 다른 외부세계와 연결시켜주는 공간이 되리라 생각합니다.

3

나를 넘어서는
배움

배움은 '이룩'하는 것입니다.
'나는 이런 인간이다, 이런 것을 할 수 있고
저런 것은 할 수 없다'며 자신을 규정했던
틀을 이탈하는 것입니다.
자신을 뛰어넘은 시좌規座에서 자기 자신을 내려다보고,
자신에 대해 말하는 것이지요.

통신판매 모델로서의
유비쿼터스 교육

―― 몇 년 전, 후쿠오카에 '사이버대학'이라는 사립대학이 생겼습니다. 저는 이 대학이 가고 있는 방향을 흥미롭게 관찰하고 있지만, 솔직히 말해 그렇게 오래 가진 않으리라 생각합니다. 2007년에 문을 연 사이버대학은 인터넷 강의를 수강할 수 있는데, 방송통신대학 같은 선별 과정이 없습니다. 사이버대학 쪽에서는 '학교에 한 번도 가지 않고도 대학 졸업 자격을 취득할 수 있다'는 점을 강조하고 있습니다. 앞으로 이 대학의 추이를 살펴보면 고등교육에 비즈니스 모델을 도입하는 것에 대한 위험성을 실증할 수 있는 좋은 예가 되지 않을까 생각합니다.

유비쿼터스ubiquitous는 '언제 어디에나 존재하다'를 뜻하는 말입니다. '유비쿼터스 교육'은 인터넷을 이용해 전 세계 어디에서나 24시간, 365일 하고 싶을 때 하고 싶은 방식으로 교육기관에 접근할 수 있는 교육 시스템을 말합니다. 즉, 인터넷에 올라와 있는 교육자원을 온라인을 통해 주문해서 자신에게 적합한 장소와 시간에 공부할 수 있는 시스템입니다. 언뜻 들으면 꽤 합리적인 교육방식처럼 느껴집니다.

인터넷을 교육활동의 장으로 여긴다면 우선, 캠퍼스가 필요 없습니다. 서버 몇 대만 있으면 해결됩니다. 특정한 장소에 교직원과 학생을 모을 필요도 없기 때문에 학생이 수천 킬로미터 떨어진 타국에 있어도 괜찮습니다. 녹화 강의라 반복해서 볼 수도 있습니다. 과제는 메일로 제출하면 되고, 답안은 컴퓨터가 채점해서 수강생들에게 보내줍니다.

유비쿼터스 교육론을 말하는 사람은 이것을 '시간 초월'이라고 부르면서, 유비쿼터스 교육이 시공간 제약도 없고 자기가 하고 싶을 때 편한 장소에서 접근 가능한 '꿈의 교육'이라 말합니다. 그런데 제 생각은 전혀 다릅니다. 유비쿼터스 교육은 교육의 일부분을 대신할 수는 있겠지만 본질적인 부분은 대체할 수 없다고 생각합니다.

왜냐하면 유비쿼터스 교육은 '상품 교환의 법칙'을 기반으로 설계되어 있기 때문입니다. 아마 통신판매 모델을 차용한 것이겠죠. 통신판매는 카탈로그를 보고 상품을 고르고 돈을 지불하면 상품이 배달돼 옵니다. 유비쿼터스 교육을 실현한 사이버대학도 똑같습니다. 카탈로그를 보고 '상품'을 고르고 그 대가로 일정 시간 동안 과업을 수행합니다. 과업이 합격점을 달성하면 노동가치의 보상으로서 학점을 받을 수 있습니다. 말 그대로 상품 교환의 원리입니다. 과업으로 지불한 노동가치에 대해 '학점'이라는 상품을 교부받습니다. 학점을 채우면 학위가 발행됩니다. 아무리 봐도 통신판매, 그 이상도 그 이하도 아닙니다. 비즈니스맨이라면 이것이야말로 교육의 이상형이라며 좋다고 덩실거리겠지요. 그러나 유감입니다만 이것은 교육이 아닙니다. '쇼핑'입니다. 배움은 쇼핑과 다릅니다. 외형적으로는 비슷하게 보이는 부분도 있습니다만 본질적으로는 전혀 다른 종류입니다.

배움은 쇼핑이 아니다

　　　　　　　　　배움을 위장한 쇼핑은 먼저 카탈로그를 보는 것에서부터 시작합니다. 대학이라면 학습계획을 상세하게 기록해놓은 강의계획서를 읽겠죠. 강의계획서는 학교 홈페이지에 모두 나와 있기 때문에 학생들은 인터넷으로 확인합니다. 강의계획서에는 그 과목의 교육 목적, 교육 방법, 교육 효과 등이 나와 있습니다. 상품설명서 혹은 매뉴얼 같은 것이죠. 이 과목을 공부하면 이러이러한 좋은 일이 있다고 공시하고 있습니다. 그뿐만이 아닙니다. 몇 월 며칠에는 어떤 내용을 가르치는지, 어떤 교재를 사용하는지, 경우에 따라서는 교재 몇 쪽까지 진도를 나가는지도 명시되어 있습니다.

　미국에서는 이 강의계획서를 일종의 '매매 계약'으로 간주하는 것 같습니다. 계약이기 때문에 '계약대로' 수업이 이루어지지 않으면 수업을 듣는 학생은 계약 위반을 들어 학교에 책임을 물을 권리가 있습니다. "강의계획서에는 이것이것을 가르친다고 나와 있는데 배우지 못했다"라는 이의제기가 받아들여진다는 뜻이죠. 그럴 경우 보강을 하거나 수업료를 반환합니다. 인터넷 쇼핑에서 불만사항을 처리하는 방식과 똑같습니다. 꽤 합리적으로 보입니다만, 그것은 배움을 상품과 같은 것으로 간주하는 선에서만 얘기할 수 있는 합리성입니다. 그런데 배움은 상품을 구입하는 것이 아닙니다.

　인터넷 쇼핑의 근본적인 난제는 무엇일까요? 알고 계십니까? 인터넷 쇼핑에선 카탈로그에 없는 상품은 살 수 없습니다. "그건 당연하지 않나요?" 하는 말이 들리는 듯합니다만, 이 사실이야말로 배움과 인터넷 쇼핑의 결정적인 차이입니다. 지금 제가 있는 대학에서도 2,800개의 강의가 개설됩니다. 같은 과목이라고 해도 여러 반으로 나눠질 수 있으니 정작 과목 수는 그렇게 많지 않습니다만 전체적으로 천 개 정도의 강의가 개설되는 셈입니다.

막 입학한 신입생은 뭐가 뭔지 잘 모릅니다. 아마 개설과목 대부분은 들어본 적도 없었을 겁니다. 물론 그 과목이 왜 만들어졌는지도 모릅니다. 그렇기 때문에 학생들에게 "여러 과목 중에서 자유롭게 선택하세요"라고 말해도 소용없습니다. 스무 살도 채 되지 않은 학생이 그 과목 내용에 대해 상상할 수 있는 것은 아마 10퍼센트 정도일 테고, 나머지는 과목명의 뜻은 알아도 정작 그 내용은 상상이 잘 되지 않을 겁니다. 그렇다면 그들은 어떻게 과목을 선택할까요? 바로 옆 사람에게 물어 보는 겁니다. "저기, 이 과목은 듣는 게 좋을까요?" 하고.

교육에서 캠퍼스 공간이 지니는 의미

―― 말하자면 수강과목 선택에 대한 조언을 구하는 일에서부터 본격적인 대학생활이 시작됩니다. 일단 한정된 공간 안에 다수의 사람들이 왔다갔다하지 않으면 고등교육은 성립하지

않습니다. 똑같은 공간에서 자기와 같은 나이, 비슷한 지적 관심을 가진 수백, 수천 명이 동시에 존재한다는 조건 덕분에, 어떻게 하면 좋을지 갈피를 잡지 못할 때 윤곽을 잡을 수 있는 겁니다. 그래서 대학은 캠퍼스라는 '한정된 공간'이 필요합니다. 제가 무엇을 말하고 싶은지 아시겠습니까?

좀더 구체적으로 생각해보세요. 신입생인 당신이 앞으로 어떤 과목을 들으면 좋을지 모를 때, 당신은 어떻게 합니까? 근처에서 같은 강의계획서를 넘기고 있는 신입생에게 물어보겠죠. "너는 어떻게 할 건데?" 하고 말이죠. 물론 그렇다고 마구잡이로 상대를 정하진 않습니다. 일단 주위를 둘러보고 그런 질문에 기분 좋게 대답해줄 것 같은, 가능하면 앞으로 같은 과목을 들을 때 숙제를 도와주거나 시험공부를 같이 할 수 있을 것 같은, 아주 사려 깊은 상대를 찾습니다. 당연하죠. 그 정도 조건을 염두에 두고, 만난 지 얼마 안 된 사람들의 상태를 살피며 '이 사람이다!' 싶은 상대를 찾아내려고 합니다. 이 일이 보통 일은 아닙니다만 실은 이때 벌써 '배움'이란 과정을 경험하는 겁니다.

배움은 교실에서 수업 듣는 것만을 뜻하지 않습니다. 어떤 수업을 어떤 친구와 어떻게 들으며 한정된 대학생활을 유쾌하게, 그리고 의미 있게 보낼 수 있는지, 그것을 찾는 과정들이 때론 수업 그 자체보다 중요한 '지적 기술'입니다. 조금 전에 '어떻게 하면 좋을지 모를 때 어떻게 하면 될지 대강의 윤곽이 잡힌다'는 좀 난해한 말을 했습니다만 이런 일은 우리 일상에서도 일어납니다. 우리 인생에서 결정적으로 중요한 장면, 가령 프러포즈를 받는다든지 부모의 죽음을 겪는다든지 타고 있는 비행기가 공중납치를 당한다든지 같은, 어떻게 행동하는 것이 적절한지에 대한 가이드라인도 매뉴얼도 없는 상황들 말입니다. 그런데 이처럼 어떻게 하면 좋을지 모를 때 적절하게 행동할 수 있는지 없는지가 그 사람의 본원적인 힘을 가장 여실히 드러냅니다.

 어쨌든 수강신청을 할 때 같이 얘기할 수 있을 것 같은 친구를 찾았다고 합시다. 그 다음엔 뭘 합니까? 보통은 함께 캠퍼스를 탐색하죠. 구내식당은 어딘지, 교재는 어디에서 파는지, 동아리방은 어디에 모여 있는지 등등, 여기저기 탐험을 하며 여러 장소를 만나게 됩니다. 어쩐지 미스터리한 공간, 지적인 활기가 넘치는 공간, 외부인에게는 닫혀 있는 공간, 신입생이라도 들어갈 수 있는 개방된 공간 등, 그런 미묘한 차이는 신입생도 금방 알 수 있습니다. 대학에 막 들어와 지적 호기심이 충만한 상태에서 안테나 감도를 최대한 올리고 캠퍼스를 두리번두리번 걷다 보면, 반드시 무언가가 걸립니다. 그것은 카탈로그에 실려 있는 정보가 아닙니다. 그곳에서 발신하고 있는 그 무엇이야말로 캠퍼스 안에서 벌어지는 '지적 활동'입니다. 그런 정보들은 카탈로그에는 실리지 않습니다. '아, 뭔가가 나한테 왔다'는 감각이 아주 중요합니다. 그리고 감도 높은 안테나는 그것을 포착합니다. 마침 어떤 연구실 앞을 지나는데, 안에 있는 사람들의 모양새가 눈길을 끕니다. 실험기구로 군고구마를 굽는 건가 싶어 들여다보고 있으려니, "잠깐 들어와요!" 하고 그쪽에서 말을 겁니다. 그 말을 듣고 들어갔다가 쭉 그 연구실의 세미나 멤버가 돼버렸다든지 하는 일이 캠퍼스에서는 자주 있습니다.

이상적인
캠퍼스 공간

학교를 소재로 한 만화를 보면 방금 제가 이야기한 과정이 잘 그려져 있습니다. 최근에 읽은 만화 중에 감동받았던 작품은 『허니와 클로버』와 『모야시몬』입니다. 『허니와 클로버』는 도쿄의 어느 미대생 이야기, 『모야시몬』은 도쿄농업대학 이야기입니다. 두 만화 모두 입학한 지 얼마 안 된 신입생들이 대학 내 기인들의 미스터리한 공간에 말려들면서 생각지도 못한 모험을 하게 된다는 이야기입니다.

주인공들에겐 공통적인 특징이 있습니다. 자신이 이 대학에서 4년 동안 무엇을 공부할지 확실한 계획을 세우지 않고 들어왔다는 점입니다. 어떤 지식과 기술을 익혀서 자격증을 따고 직업을 갖겠다는 계획이 전혀 없습니다. 단, 안테나의 수신 감도만은 최대로 높이고 캠퍼스를 돌아다니지요. 이리저리 돌아다니던 주인공들이 어느 날 정신을 차려 보니 괴짜 과학자 선생과 개성 강한 선배들이 열중하고 있는, '이미 시작된 게임'에 플레이어로서 참가하게 되었다는 식으로 이야기가 전개됩니다. 게임의 법칙을 배우지 않은 채 플레이어가 되어 좌충우돌하면서 달리다가 그 과정에서 게임의 법칙이 무엇인지, 도대체 무엇을 실현하려는 게임인지, 자신의 역할은 무엇인지, 더 나아가 나는 도대체 어떤 존재인지를 조금씩 발견해가는 이야기입니다. 『허니와 클로버』, 『모야시몬』 둘 다 그런 이야기입니다. 저는 두 작품을 그린 만화가들이 '배움'이라는 역동적인 과정의 본질을 정말 잘 간파했구나 하고 감탄했습니다. 아마 중학생, 고등학생 혹은 대학생도 이런 만화를 보겠지요. 그리고 그들이 꿈꾸는 이상적인 대학생활은 아마도 '그런 것'일 겁니다.

그들이 대학에 요구하는 것은 '물들어가는 것'입니다. 학생들도 무의식적으로는 알고 있습니다. 그들이 대학에 기대하고 있는 것은 카탈로그를 보고 쇼핑하듯 강의계획서를 읽고, 수업을 듣기도 전에 이미 그 의미와 유용성이 알려진 '교육상품'을 124학점 모아 학사학위를 취득하는 것이 아닙니다. 유비쿼터스 교육론자의 주장처럼 인터넷에서 고등교육을 받을 수 있는 대학이야말로 '꿈의 대학'이 사실이라면, 하루 종일 컴퓨터 앞에 앉아 자판을 두드리면서 '시공을 초월해서' 유용한 지식과 기술을 익히고 덕분에 매우 행복한 인생을 보내고 있는 주인공이 나오는 만화가 있어도 좋을 것 같습니다. 하지만 저는 그런 만화를 본 적이 없습니다. 있다고 해도 그런 만화를 보고 싶어 할 학생은 아마 한 명도 없지 않을까요? 지금까지는 사이버 대학이 존재하지 않았으니 그곳을 배경으로 한 만화가 있을 리가 있겠냐고 말하는 사람이 있을지도 모르겠습니다만, 그건 아니죠. 만화는 현실 세계에 존재하지 않는 이야기니까요. 그 시대 아이들이 그리는 꿈을 가장 충실하게, 하지만 현실의 제약 없이 그려내는 것이 만화이지요. 아닙니까?

제가 어렸을 때 『소년만화』에는 코마츠 자키시게로 小松崎茂 선생의 '미래도'가 자주 나왔습니다. 은색 옷을 입은 아이들이 제트카를 타고 하늘을 날아 학교에 갑니다. 학교에는 주차장이 아닌 착륙장이 있습니다. 멀리서 온 아이들이 그곳에 모여듭니다. 1950년대에 그려진 '실재하지 않는' 미래에서도 학교는 아이들의 활동 중심지였습니다. 학교에 가지 않고도 집에서 텔레비전 화면으로 수업을 보면 된다는 것은 적어도 취학 전 제게는 조금도 꿈같은 이야기가 아니었습니다. 나는 지금도 '학교에 가고 싶다'는 정신의 기저에 있는 것은 그다지 다르지 않다고 생각합니다. 『허니와 클로버』의 학교도 『모야시몬』의 학교도 캠퍼스는 카오스의 공간입니다. 학생들은 24시간 캠퍼스를 종횡무진 누비고 다닙니다. 물론 들어갈 수 없는 공간도 존재하지만 그렇다고 관리상 출입금지인 곳은 아닙니다. 그 공간에 들어가기 위해서는 모종의 '통과의례'를 거쳐야만 하고, 교수나 선배가 '멤버'로 인정해줘야만 합니다. 캠퍼스에는 전체적으로는 개방적이면서 멤버 이외에는 문을 열어주지 않는, 닫힌, 금지된 공간이 여기저기에 존재합니다. 만화에는 그렇게 구조화된 장소가 이상적인 캠퍼스로 그려져 있습니다. 이것은 아마 1970년대까지의 대학 캠퍼스의 잔상이겠죠. 지금은 더 이상 볼 수 없게 된 캠퍼스가 일종의 이상향으로 애석한 마음과 함께 그려져 있습니다.

나는 만화가 제시하는 고등교육의 장場에 대한 이런 이미지는 아주 건전하다고 생각합니다. 지금부터 대학에 들어오려는 아이들, 혹은 현재 대학생들에게 이상적인 캠퍼스 이미지는 만화에 나오는 '구 제국고등학교'의 기숙사 생활에 가까울 것이라고 생각합니다. 함께 동고동락하고, 한 이불 속에 발을 모아 넣고 앉아 이야기를 나누고, 냄비 하나를 앞에 두고 만취할 때까지 술을 마시다가 취해서 완전히 뻗은 친구를 등에 업고 집으로 돌아간다, 봄에는 꽃 구경, 가을엔 달 구경, 겨울에는 눈 구경을 하며 늘 술만 마시는, 거의 시대착오적인 그런 학생 군상이 매우 생생하게 그려져 있는 만화가 지금 몇백만 부씩 팔리고 영화로 만들어집니다. 그렇다면 '역시 아이들에게는 이런 대학이 꿈의 캠퍼스구나' 하고 자각하면 될 텐데…. '주식회사 사립대학'을 설계한 사람 중에 그런 생각을 하는 사람은 아마 한 명도 없을 겁니다.

배움이란 '이륙'한다는 것

두 만화는 주인공이 이미 시작된 게임에 말려든다는 '배움의 역동성'을 훌륭하게 그려내고 있습니다. 이 지점이 교육의 가장 중요한 부분입니다. 여러분도 수치적 목표와 외형적 목표를 정하고 그 목표를 묵묵히 달성하기 위해 대학에 온 것은 아닐 겁니다. 그렇죠. 무엇을 하러 왔는지 잘 모르는 무구한 상태, 단지 안테나 감도만 최대치로 높인 상태로, 자신을 끌어들이는 지적인 구심력에 반응하려고 대학에 입학했을 겁니다. 그때, 학생들은 자기에게 강한 흡인력을 발휘할 사람을 찾습니다. 그리고 대부분 그런 사람을 만납니다. 그것이 바로 '멘토'입니다. 선배라도 좋고 선생이라도 좋고, 누구라도 좋습니다. 우리를 게임에 끌어들이는 사람이 바로 멘토입니다. 배우려는 사람은 자기만의 멘토가 없으면 안 됩니다. 멘토를 갖지 않는 자, 즉 독학자는 이 게임에 참가할 수 없습니다.

영화 〈매트릭스〉에서 네오가 수면학습으로 쿵푸, 하이점프 능력을 습득하는 장면을 기억하시나요? 자고 있는 동안에 지식과 기술을 습득하기 때문에 정말 편할 것 같다는 시선도 있겠지만, 제가 흥미롭게 생각한 것은 모든 수면학습 과정에 교사가 등장한다는 사실입니다. 한 건물에서 다른 건물로 점프하는 기술을 습득할 때 점프 성공을 방해하는 것은 네오의 마음속에 움트는 공포심입니다. 이 공포심을 극복하지 않으면 점프할 수 없습니다. 모피어스는 쉽게 점프하는 모습을 보여주면서 "자, 자신의 힘을 믿고 날아봐!" 하고 네오를 격려합니다. 첫 시도에서는 실패하지만 네오는 결국 공포심을 극복하고 점프에 성공합니다.

재미있지 않습니까? 자기주도적인 수면학습임에도 불구하고 가상 공간에서도, 지성과 기량을 신뢰할 만한 '살아 있는 인간'이 가르쳐주지 않으면 자기주도적인 과정 그 자체가 발동하지 않습니다. 학생을 격려하고, 실패를 질책하고, 기량 향상에 만족스러운 웃음으로 대응하는 멘토와의 대면 상황이 없으면 어떤 지식이나 기술도 제대로 익힐 수 없습니다. 곧, 배우는 데 돌파를 가져오는 것이 멘토의 역할입니다.

돌파는 교육적인 의미에서 '자신의 한계를 넘어서는 것'입니다. 자신의 한계를 넘어선다, 말은 간단합니다만 말처럼 쉬운 일은 아닙니다. 왜냐하면 '이것이 내 한계다'라고 인정하며 술술 적어내려갈 수 있는 것은 자신의 한계라 할 수 없기 때문입니다. 그것은 그냥 '결함'이나 '불균형'에 지나지 않습니다. 결함 개선이나 불균형 복구를 돌파라고 하진 않습니다. 왜냐하면 개선되거나 복구될 수 있는 것은 개선 후, 복구 후의 디자인이 이미 머릿속에 들어 있기 때문입니다. 개선 전에 머릿속에 구상할 수 있는 것은 '한계'라고 하지 않습니다. '돌파'라는 말을 듣고 여러분은 무심코 틀에 갇혀 있던 사람이 그 벽을 부수고 바깥으로 뛰쳐나가는 이미지를 상상하는 건 아닐까 싶습니다. 하지만 유감스럽게도 그것은 돌파가 아닙니다. '탈옥'을 비유로 들자면, 틀에 묶여 있던 사람과 그것을 부수고 나간 사람은 결국 같은 사람이기 때문입니다. 손발이 자유로워지고 움직일 수 있는 영역이 넓어졌다 해도 "아, 이제 드디어 자유로워졌다"고 말하는 '나'와 감옥에 있었을 때의 '나'가 똑같은 시선, 똑같은 가치관, 똑같은 말투인 이상, 돌파라고 볼 수 없습니다.

돌파는 마치 자기 동네 지도만 가지고 자기 동네밖에 몰랐던 사람에게 돌연 누군가가 나타나서 세계지도를 내밀며 "자네가 사는 곳은 여기다"라고 안내해주는 기분입니다.

갑자기 새로운 지평이 열린 느낌, 자신이 어디에 있고 어떤 역할을 맡아야 하는지, 해야 할 일은 무엇인지, 지금까지와는 다른 좀더 광대한 맥락 속에 자신의 위치가 설정되는 경험, 그것이 돌파입니다. 단순히 탈옥해서 자유로운 느낌과는 사뭇 다릅니다. 탈옥자는 벽을 부수고도 똑같은 지면 위를 똑같은 높이로 계속 달리지만 돌파라는 건 자기 자신을 응시하는 시점의 고도를 급격히 높이는 것입니다. 자기 자신을 그때까지보다 넓은 지도 안에서, 즉 그때까지보다 더 높은 곳에서 조감하는 경험을 가리킵니다. 그때, 자신을 지금까지와는 다른 배율로 응시하고 있는 상상 속 '조감적 시좌視座'를 가리켜 멘토라고 부릅니다. 그러므로 멘토는 엄밀하게 말하자면 '사람'이 아닙니다. 나를 높은 곳에서 바라보고 있는 '능력'을 가리킵니다.

지금까지의 이야기로 제가 무엇을 말하고 싶은지 대충 아셨으리라 생각합니다. '배운다'는 것은 자신은 이해할 수 없는 높은 곳에 있는 사람에게 부름을 받고 그 사람이 하고 있는 게임에 참여하게 되는 형태로 진행됩니다. 이 '물듦'에 도달하기 위해서는 기존에 자신이 갖고 있던 가치 판단의 잣대로는 그 가치를 측정할 수 없음을 인정하지 않으면 안 됩니다. 자신의 잣대를 애지중지 끌어안고 있는 한, 자신의 한계를 뛰어넘을 수 없습니다. 지식을 쌓거나 기술을 익힐 수 있을지는 모릅니다. 자격증도 딸 수 있겠죠. 하지만 자기 안에 그런 것들을 아무리 많이 집어넣어도 조감적 시좌의 높이로 이륙할 수는 없습니다. 단지 자신의 울타리를 수평으로 확대하는 것일 뿐입니다.

배움은 '이륙'하는 것입니다. 그때까지 '나는 이런 인간이다, 이런 것을 할 수 있고 저런 것은 할 수 없다' 식으로 규정했던 틀을 이탈하는 것입니다. 자신을 뛰어넘은 시좌에서 자기 자신을 내려다보고, 자신에 대해 말하는 것이지요. 즉, 자기 자신의 무지와 무능을 표현하는 것이고, 그때까지 몰랐던 언어를 습득하는 것입니다.

앞에서 유비쿼터스 대학 구상은 상품 거래의 원칙으로 배움을 포착하고 있다고 말씀드렸습니다. 유비쿼터스 교육론자는 카탈로그를 보고 클릭 몇 번으로 자기가 하고 싶은 시간에 자신이 좋아하는 장소에서 흥미로운 과목을 누구의 개입이나 의논 없이 백 퍼센트 자기관리하에서 공부할 수 있는 '자유'야말로 인간을 구하는 것이라 믿고 있는 것 같습니다.

인간은 오로지 자기 자신이 너무 좋아 어쩔 줄 몰라서, 영원히 자기 모습 그대로 있고 싶어서 '너무 좋아하는 자신'을 외형적으로 좀더 가꾸어주는 것, 자신의 잣대로 그 가치를 잴 수 있는 것-지식, 기술, 자격, 신분, 연봉, 사회적 위신 등-을 희구하고 있다는 것이 유비쿼터스 대학 구상의 기초에 있는 인간에 대한 이해입니다.

물론 그런 인간에 대한 이해를 나는 굳이 배척하지는 않습니다. 그런 사람도 분명 존재하기 때문이죠. 하지만 유감입니다만 그런 사람은 결국 '배움'과는 인연이 없다는 것은 말해두고 싶습니다.

4

교육의 세계화와
시장화의 위험

학위를 수여받는 것 자체는 위법도 아니고
징계처분을 받아야 할 범죄도 아니라고 생각합니다만,
교육을 '돈 버는 수단'이라고 단순명쾌하게 결론 내리는
유형의 사람들 그리고 그들에게
미국 대학 사람들이 쉽게 이용당하는 것을 보면,
교육자로서의 자질을 의심하지 않을 수 없습니다.

교육의 상품화는
교육의 자살이다

제가 알고 있기로 '교육 서비스'는 최근에 우리 어휘 세계에 들어온 말이자, 교육을 비즈니스 모델로 생각하는 사람이 처음 사용한 말이 아닐까 싶습니다. 이 모델에서는 교육활동의 콘텐츠는 '교육상품'이고 교사는 그 상품의 공급자, 보호자와 학생은 고객의 입장이 됩니다. 교육자라면 이런 모델 안에서 교육을 논하는 말은 절대로 입 밖에 내어서는 안 된다고 생각합니다. 교육을 '상품 거래'에 비유해서 말하는 것은 교육의 자살 행위입니다. "교육은 돈이 된다"며 비즈니스 모델로 교육에 접근하는 사람이 있는데, 그것이 얼마나 이상한지는 백 퍼센트 비즈니스 모델로 구축된 교육기관을 보면 알 수 있습니다. 대표적인 것으로, 미국의 '디플로마 밀diploma mill'이 있습니다. 이는 '학위공장'이라고 부르기도 하는데, 학위를 무차별적으로 발급하는 대학이나 학위 칭호를 판매하는 기관에 의한 폐해를 가리킵니다. 이 교육기관의 정체를 밝히는 몇 가지 지표가 있습니다.

- 학위를 돈으로 살 수 있다.
- 연방과 주 정부에서 설립 인가를 받지 않았다.
- 학생의 출석 요건이 없거나 있다고 해도 적다.
- 학위 취득까지 기간이 짧다.
- 경력과 이력서 제출만으로 학위가 나온다.

- 캠퍼스의 소재지가 명시되어 있지 않다.
- 교수의 이름과 직함 등을 공표하지 않았다.
- 유명 대학과 비슷한 이름을 사용하고 있다.

위키피디아에는 3백여 개 정도의 '학위공장' 리스트가 올라와 있습니다. 이런 대학은 캠퍼스가 있는 것도 아닙니다. 건학 이념도 교육 방법도 고유의 교육과정도 없습니다. 단지 프로그램만 있을 뿐입니다. 학교에 출석하지 않고도 논문을 메일로 제출하면 학위를 줍니다. 석사학위도 주고 박사학위도 줍니다. 이 방식은 백 퍼센트 인터넷 쇼핑 모델입니다. 상품과 그 대가가 등가교환되어 쌍방이 납득하는 구조이기 때문에, 상품 매매로서는 아무런 문제가 없는 것처럼 보입니다. 하지만 문제는 있습니다.

첫 번째 문제는 판매자와 구매자 사이에 합의만 있으면 둘 사이에 거래되는 상품이 아무리 쓰레기라 해도 다른 사람이 관여할 여지가 없다는 것입니다. 그렇죠. 극단적인 예를 들자면 누가 대필한 논문이라 해도 알 수가 없습니다. 대학은 정해진 형식대로 '물건'이 나오면 자동적으로 학위를 발급합니다. 제출한 논문이 쓰레기면 발행되는 학위도 쓰레기입니다. 쓰레기 논문과 쓰레기 학위가 교환되기 때문에 누구도 손해를 입지 않습니다. 즉, 공정한 등가교환이 되는 셈이죠. 확실히 '닫힌 시스템' 내부에서는 공정합니다. 소꿉놀이 하는 아이들이 나뭇잎 돈과 진흙 과자를 교환하는 것은 교환 당사자가 납득하는 놀이라 아무에게도 피해를 주지 않는 것처럼 말이죠. 하지만 실제 상황에서는 '외부'가 존재합니다. 나뭇잎 돈과 진흙 과자는 소꿉놀이를 하는 마당 밖에서는 어느 누구도 받아주지 않지만, 학점이나 학위는 등가교환의 당사자들이 있는 곳은 물론, 어느 장소에서도 똑같이 '그것'으로 통용됩니다. 학점, 학위는 건전지나 카세트처럼 똑같은 '국제규격'이기 때문입니다.

잘 모르시는 분도 계시겠지만 대학 졸업을 위한 필수 한 단위는 국제규격에서 '45시간의 수업'을 말합니다. 어떤 교과를 45시간 공부해서 그 내용을 이해하면 1단위가 수여되는 것이죠. 45시간은 공장 노동자의 일주일 평균 노동시간입니다. 하루에 8시간 근무니까 5일에 40시간, 토요일은 반나절 근무라 모두 합하면 45시간이 됩니다.

학생은 교실 수업 한 시간에 집에서 그 두 배의 시간을 예습·복습을 한다고 보기 때문에 교실에서 15시간 동안 수업을 들으면 1단위가 인정됩니다. 실제로 어떤 대학은 15주 동안 90분 수업을 하고 4단위를 수여하기도 합니다. 그러나 요즘 학생들은 거의 집에서 학습에 시간을 투자하지 않기 때문에 실질적으로는 '5시간에 1단위 수여'가 되는 셈입니다. 그러나 그래도 '단위'라는 개념이 수치적인 기초 위에 산정된다는 원칙은 유지됩니다.

건전지마다 수명 차이는 조금씩 있겠지만 일단 사이즈만 같다면 전세계 어느 브랜드의 건전지를 넣어도 기기는 움직입니다. 학위도 그 정도의 '국제규격'이 요구되는 것은 당연하겠지요. 그러나 학위공장에서 매매되는 쓰레기 학위는 최소한의 국제규격 기준도 충족시키지 못하고 있습니다. 이 쓰레기 학위를 이력서나 프로필에 적어서 그 내막을 모르는 사람들이 '와, 이 사람은 박사학위가 있구나' 하고 착각하게 만들려는 교활한 전략이죠. "우린 소꿉놀이를 하는 건데, 이 정도는 괜찮지 않아?" 하고 둘러대면서도 실제로는 진흙 과자를 진짜 과자로 착각하고 사는 사람이 있을 거라고 내심 기대하는 겁니다.

원래 비즈니스 세계에서 '어떤' 물건이 어느 정도 팔렸는지는 아주 중요한 정보이지만, '누가' 샀는지는 부차적인 요소에 지나지 않습니다. 돈만 지불한다면 구매자는 누구라도 상관없지요. 이것이 상품 거래의 기본입니다. 그런데 교육은 그 주체가 누구냐에 따라 얼마든지 달라질 수 있는, 속인屬人적인 것입니다. 한 사람이 학교에 다니면서 시간과 노력을 들여 익힌 지식과 기술, 식견은 그 사람만의 것이고, 당장은 그 사람만 사용할 수 있습니다. 자동차나 컴퓨터처럼 "이거, 이제 필요 없으니까 그냥 너 줄게"가 불가능합니다. 교육에서 얻은 것은 머릿속에 있고 자유롭게 넣고 뺄 수 없습니다. 그래서 '누가' 교육을 받았는가 하는 것도 '무엇'을 교육 받았는지와 똑같이 중요한 정보가 되는 것입니다. 상품 거래 시장에서는 '누가' 샀는지는 '무엇'을 샀는지보다 중요하지 않습니다. 그런데 교육은 경우에 따라 '누가'가 '무엇'보다 더 중요합니다. 대부분, 아마 거의 모든 교육사업가들은 자신들이 그렇게 귀찮은 상품을 다룬다고 생각하지 않고 교육시장에 진입합니다. 학위공장을 둘러싼 문제는 교육에 비즈니스 모델을 적용했을 때 일어나는 재앙을 가장 극적으로 보여주는 예입니다. 지금부터 그 이야기를 좀더 상세하게 하려고 합니다.

교육의 시장화

미국은 학교를 만들 때 그다지 까다로운 설립 요건을 내세우지 않습니다. 회사 설립도 "하고 싶은 사람은 바로바로 시작하세요" 식으로, 개인 의사를 중요하게 여깁니다. 이는 일종의 미국의 미풍美風으로 봐도 좋습니다.

일본에서도 1991년, 2003년에 대학 설립 기준이 크게 완화되었습니다. 어느 정도 미국의 영향을 받았다고 볼 수 있지요. 설치 기준을 상세하게 정해서 점검하는 일을 그만두고, 일단 설립 조건을 완화해서 여러 유형의 사람들이 대학 운영에 참여할 수 있도록 교육시장을 자유롭게 만든 것입니다.

'만약 신설된 대학이 시대 흐름을 제대로 파악하지 못하면 자본시장에 의해 자연 도태될 수밖에 없다. 대학이 탄탄한지 여부는 시장이 판단하도록 맡겨두는 건 어떨까?'라는 발상에서, '사전 확인'이 '사후 평가'로 바뀐 것입니다. 이 흐름이 최근 이십여 년 동안 진행된 교육행정의 기본 방침입니다. 즉, 교육에 시장원리를 도입한 것이죠. 확실히 과거에는 대학 설립 기준이 매우 까다로웠습니다. 교지 면적은 어느 정도여야 한다든지, 정원 대비 교실은 몇 평 이상이어야 한다든지, 전임 교수는 몇 명, 도서관 장서는 몇 권 이상 같은 아주 세세한 규정들이 완화된 것입니다. 특히 2003년 규제 완화에서는 교지 면적이 축소되고 학교 건물을 단계적으로 수리하는 것도 허용되고, 운동장도 필수 요건에서 빠졌습니다. 설립 조건이 이처럼 단숨에 완화되기 전까지 일본의 대학은 기업과 마찬가지로 '호송 선단 방식(상선 보호를 목적으로 두세 척의 군함이 상선대를 따라다니는 것을 말한다. _ 편집자 주)'이었습니다. 교육부가 '지휘 군함'이 되고, 그 뒤를 전국의 백 개 남짓한 대학이 엄숙히 뒤따라 항해합니다. 상의하달 식의 아주 세세한 규정이 있어서 마음대로 개별 행동하는 것을 허용하지 않는 대신, 어느 대학도 탈락시키지 않습니다. 온정주의인 셈이죠. 그런데 이 방식이 '좋지 않은 것'이 되어버렸습니다. '맨 앞에서 한 무리를 질질 끌고 가니까 창의성이 길러지지 않는다' '혁신을 하기 힘들다' '기득권자들이 양반다리를 하고 앉아 사대주의와 관료주의가 만연한다, 이것이 일본 사회 후진성의 원인이다' 같은 지적을 받았습니다.

 일본 사회가 바뀌어야 한다는 지적은 분명히 지당한 말입니다. 그러나 미국이 그렇게 바꾸라고 하니까 바꾸자라든지 국제기준에 맞추지 않으면 세상을 대할 면목이 없으니까 그렇게 하자는 발상이야말로 전형적인 군중심리라는 것을 당사자는 자각하지 못했습니다. 결과적으로 '일본만으로 이루어진 선단'이 '미국을 기함으로 삼는 선단'으로 재편됐으니까요. '보스 일장기'가 '보스 성조기'로 바뀐 것이죠. 근본에 있는 정신은 조금도 바뀌지 않았습니다. 어쨌든 그때까지는 '위에서

시키는 대로' '옆에서 하는 대로'라는 법칙 안에서 기업도 학교도 경영되었지만, 이번에는 '미국이 말하는 대로'라는 국제 법칙 안에서 경영하게 되었습니다. 그러나 이 기회에 한 말씀 드리자면 정말로 미국 교육 시스템을 일본에 도입할 마음이었으면 제일 먼저 해야 할 일은 '문부성 해체'입니다. 왜냐하면 미국에는 문부성같이 중앙에서 교육을 통솔하는 행정기관이 존재하지 않기 때문입니다. 아시다시피 미국은 주에 따라 취학 연령, 고등학교 졸업자격 등이 다릅니다(의무교육이 다섯 살부터 시작되는 주도 있고, 일곱 살부터인 주도 있습니다. 열여섯 살, 열여덟 살까지인 주도 있습니다). 물론 주마다 연간 수업계획, 수업내용도 다릅니다. 진화론을 가르치는 것을 금지하는 '반反진화론법'이 제정되어 있는 주도 몇 군데 됩니다.

일본 대학도 미국처럼 10월부터 새 학기를 시작하라든지 교수의 역량강화를 하라든지 질적 보증을 하라든지 세부사항에 관해서는 미국 흉내를 내며 까다롭게 지시하면서, 미국 교육제도에서 가장 본받을 만한 부분, 즉 중앙에서 통제하지 않고 다양한 종류의 교육제도를 병존시키는 것은 절대로 받아들이려 하지 않습니다. 어쨌든 '교육기관의 존폐는 시장이 결정한다'는 시장원리주의가 '글로벌리즘globalism'의 흐름을 타고 일본의 교육 현장에 들어오게 되었습니다.

대학 설립 기준 완화에 대해 말하자면, 신규 사업자의 진입 장벽을 낮춘다는 발상은 맞다고 생각합니다. 일본에 새로운 유형의 교육이념과 교육 방법을 가진 대학이 등장하는 것은 물론 매우 반가운 일입니다만, 그렇다고 해서 마냥 좋은 일만 있는 것은 아닙니다. 규제가 완화됨으로써 대학 설립 조건이 과거에 비해 매우 간단해졌습니다. 이제 더 이상 큰 캠퍼스는 필요 없습니다. 도심 속 빌딩을 빌려 "여기가 대학입니다" 하면 대학을 열 수 있습니다. 그 대학이 충분한 지원자를 모으고 재학생이 교육 내용에 만족하면 비즈니스로서 성공한 것이기 때문에 그것은 '시장에 선택된' 것을 의미합니다. 시장이 선택한 대학은 살아남아도 좋다, 그런데 역으로 아무리 설비가 잘 되어 있고 훌륭한 교수와 교육과정이 준비되어 있어도 시장이 선택하지 않은 대학은 퇴출되어야 한다, 이런 '공정한' 살아남기가 시작된다고 선언한 것입니다. 실제로 1992년의 25만 명을 정점으로 18세 인구는 20년 동안 40퍼센트가 줄었습니다. 그런데 그동안 설립 기준 완화로 여기저기 대학이 신설되면서 1992년에 523개였던 4년제 대학이 2008년에는 675개로 46퍼센트나 증가했습니다. 파이가 반으로 줄었는데 파이를 차지하려는 사람은 두 배 가까이 늘어난 셈입니다. 이 현상이 얼마나 치열한 생존경쟁을 의미하는지 숫자만으로도 알 수 있을 겁니다. 이 생존경쟁이 국가정책이었습니다. 아이들 수는 점점 줄어드는데 대학 수는 점점 증가하는, 그리고 대학 공급 과잉이 된 이 지점에서 "대학이 이렇게 많이 필요하진 않으니까 소임을 다한 곳부터 사라지세요" 하는 식입니다. 너무 심하다고 생각하지 않습니까?

현재 18세 인구 수는 18년 전부터 예측할 수 있었기 때문에 출생률이 떨어지는 흐름에 맞춰 '대학 줄이기' 정책을 펴는 것이야말로 문부성이 해야 할 일이었지만, 그러지 않았습니다. 대신 시장에 의해 선택되지 않은 대학이 도태되는 것은 어쩔 수 없다, 이는 교육행정의 책임이 아니라고 주장하며 뒤처리를 시장원리에 맡겨버리고 말았습니다.

물론 문부성의 곤경을 모르는 것은 아닙니다. 대학 측에 "정원을 줄이고 경쟁을 완화해서 공존공영을 도모했으면 좋겠다"고 말해도, 변함없이 학생들이 모여드는 인기 대학 입장에선 지금이야말로 시장을 독점할 절호의 기회이기 때문에 정원 삭감에 쉽게 응할 리가 없습니다. "체력이 약한 곳부터 찌부러질 수밖에 없지 않습니까? 시장에 맡깁시다, 시장에서 도태된 대학은 존재할 필요가 없는 대학이기 때문입니다."

교육행정은 지금까지 이런 식으로 교육에 비즈니스 법칙을 가져오는 것을 국책으로 용인해온 것입니다. 허나 몇 번이나 말씀드리지만 교육은 비즈니스가 아닙니다.

비즈니스의 경우 '시장은 틀리지 않다'는 참가자 전원이 게임을 할 때 합의를 본 법칙입니다만, 교육은 그런 법칙에 따라 시작된 것이 아닙니다. 배움터로서의 학교라는 제도는 자본주의 시장보다도 훨씬 오래전부터 존재해왔기 때문에 "우리는 그런 거 몰라요"라고 하는 것이 교육 관계자의 주장이어야 한다고 생각합니다. 아니, '시장은 틀리지 않다'가 학교의 경우에도 타당하다면 그것으로 끝난 일이겠지만, 실제로 이 경우에는 시장이 틀렸습니다.

짝퉁 대학
가려내기

―

시장이 선택한 것이 '좋은 대학'이고 선택받지 못하면 '나쁜 대학'이라는 시장도태설에 맡겨두면, 대학답지는 않지만 일부 소비자의 욕구를 채워주는 대학이 비즈니스적으로 성공하는 일이 일어납니다. 그렇습니다. 시장원리에 교육을 맡긴 결과가 '학위공장'의 등장입니다. 그리고 아주 번창하고 있습니다.

시장원리주의 입장에서 말하자면 학위공장의 존재를 부정할 수 없습니다. 현재 교육시장에서 선택되고 있기 때문입니다. "시장의 수요에 대응하는 교육기관이 있는 게 무슨 문제입니까?"라는 학위공장 측의 논리에 비즈니스맨은 반론할 수 없습니다. 그렇죠, 시장은 틀리지 않으니까요.

학위공장에 관해서는 오랫동안 그 '블랙 리스트'를 만들 수 없었습니다. "이 학교는 학위를 돈으로 팔고 있는 얼토당토않은 학위공장입니다"라고 공표할 수 없었지요(지금은 인터넷에 공개되어 있습니다). 블랙 리스트를 공표했다가 혹 명예훼손이나 업무방해로 거액의 손해배상 청구를 당할 수도 있기 때문입니다. 학교의 존재 자체는 합법적이기 때문에 그 영업을 방해할 수 없습니다.

미국에서는 학위공장을 배제하기 위해서 어쩔 수 없이 '제대로 된 대학'이 모여 대학의 품질을 보증하는 '화이트 리스트'를 만들었습니다. 자타가 인정하는 '제대로 된 대학'이 모여서 회원제 클럽을 만든 것입니다. 그리고 엄격하게 입회 심사를 합니다. '제대로 된 대학 클럽'은 임의단체이기 때문에 무한정 엄격하게 심사를 할 수 있습니다. 이렇게 해서 미국 대학에는 '법적으로 인가받은 대학'과 '제대로 된 대학 클럽의 품질보증서가 붙어 있는 대학', 이 두 가지 기준이 생겼습니다.

'제대로 된 대학 클럽'의 입회 심사가 '질 보증accreditation'입니다. 질 보증을 받은 대학은 '안심할 수 있는 대학'입니다. 원래 일본은 대학의 설립 기준이 매우 엄격해서 학위공장 같은 것이 출현할 여지가 없었습니다. 그런데 규제가 완화되면서 학위공장과 질 보증 시스템이 같이 들어왔습니다. 이거 뭔가 비슷하지 않습니까?

오즈 야스지로小津安二郞의 영화 〈굿모닝〉에 험악한 인상을 한 강매 상인이 주부들을 실컷 겁 주고 가면, 온화한 미소를 머금은 청년이 '방범 벨'을 팔러 오는 이야기가 있습니다. 그 다음 장면에서 두 사람은 술집에 앉아 사이좋게 술을 마십니다. 이처럼 수요가 없는 곳에 '수요를 만들어내는' 자본주의의 뼈대, '학위공장과 질 보증'이라는 한 쌍도 이 영화 속 상인 콤비와 너무 비슷하다고 생각하지 않습니까?

학위공장의 성공

미국의 교육산업이 일본 시장에 잠입한 것은 실은 이번이 두 번째입니다. 학위공장의 진출보다 20년 정도 전에 미국의 다양한 '제대로 된' 대학이 일미무역촉진위원회의 요청을 받고 1980년대에 일본 시장에 우르르 잠입했습니다. 대학을 유치하고 싶은 각 지자체와 미국 대학의 의도가 일치한 것이지요. 확실한 자료인지는 모르겠지만 아마 일본에서 30개 정도가 개교하지 않았나 싶습니다. 어느 정도 나이가 있는 분이라면 시골 여기저기에서 '에드먼드대학 일본 분교'라는 간판이 세워져 있던 것을 기억하고 계실 겁니다. 이외에도 미네소타 주립대학, 애리조나 주립대학, 오클라호마 주립대학, 뉴욕 시립대학 등 미국의 많은 대학들이 일본에 진출했습니다. 그 당시에는 평판이 꽤 좋았던 것 같습니다만 90년대 중반이 되자 거의 모습을 감추었습니다.

이러한 미국 대학들이 맨 처음 일본에 들어왔을 때는 학위공장의 형태가 아니었습니다. 미국 대학의 특성상 과제가 매우 엄격하고 출석이나 학력이 부족한 학생은 모두 낙제시켜버리니, 지원자가 격감하여 자연스레 경영이 힘들어졌죠. 결국 90년대에 거품경제가 꺼지면서 하나둘씩 폐교하게 되었습니다. 대개 미국 대학은 영어로 수업을 하는데 영어 수업을 들을 수 있을 정도로 영어 실력이 있는 학생은 이미 일본의 유수 대학에 합격하기 때문에 잘 생각해보면 그렇게 지원자가 모일 리가 없습니다.

학위공장은 미국 대학의 두 번째 일본 진출입니다. 이전의 실패를 교훈 삼아 이번에는 일본어를 바탕으로 교육과정을 만들었습니다. 그리고 학생이 아닌 대학 교수를 타깃으로 삼았습니다. 학비를 내고 일본어로 된 논문을 보내면 석사학위와 박사학위를 받을 수 있는 것이지요. 이를 '이용'한 대학 교수가 꽤 많아서 지난번에는 그 교수 명단이 공표되고 말았습니다(어느 사이버 대학의 학장 이름도 있었습니다).

학위공장에서 학위를 수여받는 것 자체는 위법도 아니고 징계처분을 받아야 할 범죄도 아니라고 생각합니다만, 교육을 '돈 버는 수단'이라고 단순명쾌하게 결론 내리는 유형의 사람들, 그리고 그들에게 미국 대학 사람들이 쉽게 이용당하는 것을 보면, 교육자로서의 자질을 의심하지 않을 수 없습니다.

학교 평가와 교원 평가로 잃어버린 것

반복해서 말하고 있지만, 저는 그렇다고 해서 규제 완화를 맹목적으로 반대하진 않습니다. 새로운 이념을 가진 대학을 만들고 싶다, 새로운 유형의 교육을 시도해보고 싶다는 교육자의 등장은 대환영입니다. 그러나 실제로는 규제 완화 덕분에 등장한 새로운 대학, 특히 구조개혁 특구에 만들어진 사립대학 중에는 대학이라고 부를 수 없는 대학이 몇 군데 있다고 합니다. 문부성이 이런저런 개선점을 지적했지만 나아질 기미가 전혀 보이지 않는, 지금 이대로라면 행정지도로 언제 폐교되어 버릴지 모르는 대학들 말입니다. 이런 대학은 "아, 그렇습니까? 그러면 대학문을 닫겠습니다" 하고 말해도 그때까지의 투자 비용보다 받은 등록금이 천 원이라도 더 많으면 비즈니스로서는 성공한 셈입니다.

'타산이 맞지 않으면 그만둔다'는 것에 대해 미국 대학 관계자들은 머뭇거림이 없습니다. 머뭇거리기는커녕 수익을 올릴 가능성이 없는 비즈니스 모델에서 빨리 발을 빼는 능력이야말로 경영자에게 가장 필요한 자질이라고 말할 겁니다. 그래서 처음부터 사무실로도 사용할 수 있도록 교실을 설계하는 대학도 있다고 합니다. 경영자로서는 당연한 판단이겠지요.

어쨌든 이런 사람들이 비즈니스 마인드로 교육 현장에 잠입해온 덕분에 '제대로 된 대학'에 있는 사람들이 질 보증이라는 '쓸데없는 일'을 하지 않을 수 없게 되었습니다. 질 보증 시스템이 처음 도입되었을 때 저도 담당자 심포지엄과 세미나에 참가했습니다. 거기서 설명을 들었을 땐, 이 질 보증 시스템이 꽤 '좋은 일'이라고 생각했습니다. 대학의 연구교육 활동부터 재무 상태까지 포괄적으로 점검할 기회가 있는 것은 문제를 발견하는 데 매우 유용하다고 생각했기 때문에 교수회의에서도 철저한 평가활동이 필요하다고 역설했습니다. 지금 생각해보면 정말 경솔했습니다.

저는 그때 '평가에 드는 비용'을 거의 0으로 책정했습니다. 평가에는 간단한 것과 손이 많이 가는 것이 있습니다. '결함이 있는' 상품을 골라내는 일은 간단합니다. 그런데 '결함이 없는' 상품을 골라내기란 쉽지 않습니다. 아니 쉽지 않기는커녕 논리적으로 불가능합니다.

요로 타케시養老孟司선생이 자주 드는 비유 하나를 빌려오겠습니다.

'츠쿠바산(일본 이바라키현 츠쿠바시에 있는 산 이름_역자 주)에 호랑나비는 없다'라는 주장이 있다고 합시다. 사람들은 보통 이것을 부정하는 일이든 증명하는 일이든 일이 많긴 마찬가지라고 생각합니다. 그러나 아닙니다. '츠쿠바산에 호랑나비는 없다'는 명제를 부정하기 위해서는 츠쿠바산에 가서 호랑나비 한 마리만 잡으면 됩니다. 호랑나비 한 마리로 이 명제는 간단히 부정됩니다. 반대로 '츠쿠바산에 호랑나비는 없다'를 증명하려면 상상을 초월할 정도로 해야 할 일이 많습니다. 츠쿠바산을 구석구석 조사해서 유충조차 존재하지 않는다는 사실을 증명해야 하고, 또 '츠쿠바산에서 채집되었다는 호랑나비'라는 것은 가짜이거나 혹은 태풍으로 어디선가 날아온 것임을 증명하지 않으면 안 됩니다. '질 보증' 작업은 마치 츠쿠바산에 호랑나비가 없다는 걸 '증명'하는 일과 같은 것입니다.

'이 대학은 제대로 된 곳이 아닙니다'를 증명하기란 간단합니다. '제대로 되고 있지 않은' 증거 한 가지를 찾아내면 됩니다. 전임 교원이 없다든지 성적평가가 제 마음대로라든지 사용처가 불분명한 돈이 있다든지, 사소한 한 가지로도 그것을 충분히 입증할 수 있습니다.

하지만 앞에서 말한 것처럼 질 보증이라는 것은 '블랙 리스트를 만들 수 없다'는 이유로 궁리에 궁리를 거듭한 끝에 나온 고육지책입니다. '이 대학은 제대로 되고 있지 않다'고 말할 수 없기 때문에 '이 대학은 제대로 되고 있다'는 것을 입증해야 합니다. 그런데 이 세상에 존재하는 것은 제대로 되고 있지 '않은' 것을 나타내는 지표들뿐이고, '제대로 되고 있는 것'을 나타내는 실증적인 지표는 존재하지 않습니다. 그러므로 질 보증은 논리적으로는 '제대로 되고 있지 않은 것'을 보여주는 모든 지표를 '부정'해야 하는, 결코 끝을 볼 수 없는 작업이 될 수밖에 없습니다. 잘 생각해보세요. 우리들이 평소에 자유롭게 거리를 돌아다닐 수 있는 것은 우리가 건전한 시민이라는 것을 증명할 수 있기 때문이 아니라 건전한 시민이 아니라는 증거를 보이지 않기 때문입니다. 말하자면 '무죄 추정의 원칙'에 기초해서 시민권을 행사할 수 있는 겁니다. 그런데 질 보증은 역으로 '유죄 추정의 원칙'을 채용합니다. '결백함을 입증하라'는 겁니다. 이 요청에 응하는 것은 논리적으로도 실천적으로도 불가능합니다. 무죄라는 증거를 아무리 쌓아올려도 유죄 증거가 하나라도 나오면 모든 게 뒤엎어지니까요. 유죄 추정 상태에서 결백함을 열거하며 증명하는 작업에 "이것으로 끝!"은 없습니다. 증명 작업은 끝이 없지요. 실제로 질 보증을 위한 증명 작업도 끝이 없습니다(이 증명 작업이 평가활동이라는 것입니다).

저는 대학의 자기평가위원회 구성원으로 4년간 참가했습니다. 문부성과 대학기준협회에 제출하기 위해 "우리 대학은 전혀 문제없습니다"를 증명하는 문서를 산더미처럼 작성했었지요. 그래서 이 작업이 '끝이 없는 지옥' 같은 일이라는 사실을 온몸에 앙금처럼 쌓인 피로를 통해 확신할 수 있었습니다. 교수들은 이 끝이 보이지 않는 평가활동에 교육과 연구를 위해 써야 할 막대한 에너지와 시간을 희생했습니다. 평가활동을 하느라 일본 대학들이 잃어버린 시간과 에너지는 이제 돌이킬 수 없는 양에 달했다고 생각합니다. 대학 교수가 연구나 교육을 위해서도 아니고 대학 운영을 위해서도 아닌, 단지 '학위 공장과 질 보증'을 세트로 수입한 행정이 저지른 과오를 뒤치다꺼리 하느라 막대한 시간과 에너지를 낭비한 것입니다. 저는 일본 전역에 있는 대학 교수들은 마음 깊은 곳에서 분노할 권리가 있다고 생각합니다.

국립대학 교수 중에는 대학 설립 기준의 완화, 교양과정의 개편, 학부 재편, 법인화와 관련해서 지난 수십 년 동안 문부성에 제출할 보고서만 계속 써왔기 때문에 그동안 전공연구를 거의 할 수 없었다는 사람이 몇천, 몇만 명이 있다고 말합니다. 그런 끝이 보이지 않는 작업에 동원되는 사람은 어느 대학이든 젊고 일 처리가 빠르며 요령이 좋은 사람들입니다. 귀찮은 일은 결국 그런 사람에게 배당됩니다. 그들이 그런 보고서를 쓰지 않고 연구와 교육에 전념했을 때 얼마만큼의 업적을 내놓을 수 있었겠는가를 상상하면, 저는 그 헛된 노력에 깊은 허탈감을 느낍니다.

끝이 보이지 않는 평가활동으로 일본의 고등교육이 잃어버린, 그리고 지금도 잃어버리고 있는 지적 자산이 얼마만큼인지 문부성은 생각해본 적이 있을까요? 아마 없을 겁니다. 문부성은 늘 평가 비용을 '0'으로 산정하고 있기 때문입니다. 현장을 조금만 살피면 평가 비용이 얼토당토않게 많이 든다는 사실을 충분히 알 수 있겠지만 말입니다.

'자기평가활동이 일본의 고등교육에 미친 부정적 효과'라는 주제의 보고서는 아마 문부성의 어느 누구도 쓰지 않을 겁니다. 하지만 질 보증을 위한 평가 '비용'이 평가 '이익'을 이미 넘어서고 있다는 사실은 다들 알고 있을 겁니다. 책임질 사람이 어디에도 없기 때문에, 알고 있지만 멈출 수가 없는 겁니다.

저는 우리 대학에 자기평가활동과 교원평가제도를 도입하자고 깃발을 높이 들었던 A급 전범이기 때문에 평가비용을 잘못 책정한 점에 대해서는 죄를 인정합니다. 교수회의에서 무릎 꿇고 사과하라고 하면 사과하겠습니다. 그리고 문부성과 동료 학인들에게 "이제 더 이상의 평가활동은 멈추시지 않겠습니까?" 하고 제안하고 싶습니다. 잘못을 저질렀다면 그것을 바로잡는 데 주저해서는 안 되는 것 아닙니까?

5

소통을 위한
교육

교육의 본질은
'외부'와의 통로를 열어가는 것입니다.
지금 여기에 있는 것과는 다른 무언가와
연결되는 것, 그것이
교육의 가장 중요한 기능입니다.

공자의 6예藝와
서양의 자유 7교과

대학교육은 교양교육과 전공교육으로 나뉘어져 있습니다. 모두들 당연히 알고 있는 사실 같습니다만 "교양교육과 전공교육은 어떻게 다른가?" 하고 진지하게 물으면 대답하기 가참 어렵습니다.

옛날에는 군자에게 필요한 기본적인 공부를 '6예藝'라 했습니다. 서양도 똑같습니다. 서양은 '자유7교과'라 해서, 문법·수사학·논리학·산술·기하학·천문학·음악이 있습니다. 이른바 자유교양 liberal arts입니다. 제가 있는 대학도 자유교양을 지향하고 있어 문학부·음악학부·인간과학부로 나눠 교양교육에 필요한 일곱 과목을 분담하고 있습니다. 그런데 제가 볼 때 그리스·로마에서 유래한 자유7교과보다도 공자의 6예가 교양교육으로서는 더 적절하다고 생각합니다. 6예는 예禮·악樂·사射·어御·서書·수數를 가리킵니다.

유교에서 당연히 가장 우선시되는 '예禮'는 조상의 영혼을 받들어 모시는 의례儀禮를 가리킵니다. 죽은 자를 어떻게 제대로 공양해야 하는지를 인간이 가장 앞서 배워야 할 공부로 삼은 데서 그 깊은 생각을 읽을 수 있습니다.

장례는 사자死者를 제대로 받들어 모셔야 화禍를 가져오지 않는다, 제대로 모시지 않으면 재난을 부른다는 믿음을 기초로 합니다. 살아 있는 자의 행동에 따라 사자의 행동이 바뀐다는 건 요컨대 죽은 자와 소통이 이루어진다는 것이죠. 인간은 존재하지 않는 자와도 소통할 수 있다고 생각하고, 이를 인간이 배워야 할 가장 첫 번째 공부로 삼았으니, 인간에 대한 깊은 통찰을 짐작할 수 있습니다.

'악樂'은 음악입니다. 왜 음악이 두 번째에 오는지, 오랫동안 그 의미를 몰랐습니다만 지금은 조금 짐작이 갑니다. 공자는 음악을 사랑했습니다. 정적에 쫓겨서 방랑 생활을 할 때도 거문고 뜯기를 멈추지 않을 정도였죠. 음악은 '시간 의식'을 함양하는 것입니다. 시간에 대한 풍부한 의식이 없는 사람은 음악을 감상할 수 없습니다. 악기 연주도 감상할 수 없습니다. 왜냐하면 음악은 '이미 사라져버린 소리'가 아직 들리고 '아직 들리지 않는 소리'가 벌써 들리는, 과거와 미래의 확장 속에 자신을 두지 않으면 경험할 수 없는 것이기 때문입니다.

단음單音의 음악은 없습니다. 리듬도 멜로디도 그 음에 선행하는 음과 후속음이 만들어내는 관계 속에서만 이루어집니다. 앞에 오는 음도 뒤따라오는 음도 논리적으로 말하자면 지금 여기서는 들리지 않습니다. 즉, 여기에는 존재하지 않는 소리입니다. 지금 여기에 존재하지 않는 것들과 관계를 유지하지 않으면 연주도 감상도 불가능합니다. 음악을 들을 때 그때까지 들었던 선행 악장의 모든 음악이 '지금도 들리는' 사람, 앞으로 계속될 모든 악장의 모든 음이 '벌써 들리는' 사람은 지금 여기에서 들리는 단음-사실상 원리적으로는 있을 수 없습니다만 가설로서-을 깊게 맛볼 수 있습니다. 처음 듣는 곡이라도 그때까지 들었던 음이 쭉 기억되어 들리는 사람은 앞으로 계속될 악상을 어느 정도 예측할 수 있습니다. 그 기대에 딱 들어맞는 선율이 들리면 쾌감을 느끼고, 반대로 예상에서 조금 빗나가면 영 흔쾌하지 않은 기분을 느끼게 됩니다.

음악을 즐기기 위해서는 가능한 긴 시간 속에 있을 필요가 있습니다. 그렇죠. 만약 태어나서부터 들었던 모든 음악을 기억하고 있는 사람이 있다면, 그 사람은 들리는 모든 음악에서 그가 지금까지 들었던 모든 음악의 변주와 화음, 배음을 들을 수 있을 겁니다. 그리고 아직 아무도 연주한 적 없는, 앞으로 만들어질 음악을 예측해서 상상할 수 있는 사람이 있다면-이것도 가설입니다만-그 사람이 음악을 들을 때의 쾌락은 우리의 상상을 초월할 것입니다. 음악에 관해서는 과거와 미래로 시간 의식의 날개를 크게 펼칠 수 있을수록 더 큰 쾌락을 보장받을 수 있습니다. 그래서 음악은 시간 의식을 기르기 위해 아주 중요한 과목으로 여겨졌으리라 생각합니다.

'사射'는 활弓, '어御'는 말馬 다루기, 즉 무술입니다. 우리는 검과 창을 사용하는 무도를 가리켜 '검과 창의 도'라 하지 않고 '궁마의 도'라고 말합니다. 우리가 흔히 무사를 떠올릴 때 상상하는 모습은 말을 타고 활을 쏘는 자세입니다. 실은 궁술과 승마술은 무술 중에서 특수한 것입니다. 둘 다 '적敵이 없기' 때문입니다. 궁술의 성패는 백 퍼센트 자신의 심신에 달려 있습니다. 과녁은 적처럼 공격해오지 않습니다. 자신의 신체를 어디까지 잘게 분절하고 근육과 골격, 신경과 세포에 이르기까지 의식할 수 있는지, 그것이 과제입니다. 신체를 움직이는 데 그 정밀함을 높이려면 어떤 식으로 몸과 마음을 써야 하는지 궁리하는 것이 '궁술'입니다.

어御도 상대가 말이니, 역시 적은 없습니다. 승마술에서 요구되는 것은 인간이 아닌 것과 소통하는 힘입니다. 말을 잘못 다루면 큰 부상을 입고 운이 나쁘면 죽기도 하지요. 소통이 잘 이뤄져 말과 일체가 되면 켄타우로스(상반신은 사람이고 하반신은 말 모습을 한 괴수_역자 주)가 될 수 있습니다. 인간과 비인간이 '하나의 신체'를 형성함으로써 인간의 몸으로만 발휘할 수 있는 운동 능력의 몇십 배 능력을 발휘합니다.

무술의 본질은 이 두 가지에 집약된다고 봐도 좋습니다. 자신의 신체를 정밀하게 의식하고 세세하게 통제함으로써 자기가 아닌 존재와의 소통, 일체화를 통해 자신의 능력을 폭발적으로 향상시키는 것입니다. 적과 싸워서 적을 무너뜨리는 것은 무술의 목적이 아닙니다. 무술의 원칙은 '적을 만들지 않는 것'입니다. 과녁이나 말은 신체 통제의 정밀도를 높여서 운동 능력을 비약적으로 높이기 위한 '계기'이지 '적'은 아닙니다. 궁술은 자기 자신, 승마술은 말과의 소통 능력을 키우는 것입니다. 저는 그렇게 이해하고 있습니다. 그리고 남은 것이 서書와 수數, 읽고 쓰고 셈하기입니다. 살아 있는 사람을 상대로 하는 속세에서의 소통 기술입니다. 이처럼 오늘날 교육에서는 6예 중 '예·악·사·어'는 필수과정에 포함시키지도 않았습니다. 가장 아래 단계인 서와 수, 이 두 가지만 집중적으로 가르칠 뿐입니다.

교양교육과
전공교육의 차이

―― 그러면 현대 교육과정에서 배제된 예·악·사·어 4예의 특징은 무엇일까요. 저는 이 네 가지야말로 교양교육의 본체라고 생각합니다. 일단 4예에서는 어느 것도 달성 목표와 그 성과를 수치화할 수 없습니다. '조상의 영혼을 떠받드는 방법에 관한 시험'이 있어, A군은 조상님이 기뻐한 덕분에 집안일이 잘 풀렸으니 백점, B군은 조상이 재앙을 내려 병에 걸렸으니 빵점 같은 것은 생각할 수 없습니다(무엇보다도 성적을 매기려면 시간이 엄청나게 걸립니다).

음악도 그렇습니다. 음악이 주는 최대의 기쁨은 감동입니다만 감동은 개인적인 것이어서 객관적으로 수치화할 수 없습니다. 피아니스트이자 가수였던 버드 파웰Bud Powell은 만년에 연주를 할 때, 더 이상 손가락을 움직일 수 없게 되어 계속 건반을 잘못 누르곤 했지만 그가 내고 싶어 하는―실제로 내지는 못하지만―음을 그의 마음에 조응해서 들을 수 있었던 청중들은 깊은 감동과 전율을 느꼈다고 합니다. 이러한 음악성 또한 수치로는 매길 수 없습니다.

활쏘기도 그렇습니다. 몸의 세세한 부분까지 의식하는 감각을 누군가와 비교하거나 경쟁할 수 없습니다. "허벅지 관절의 사용법을 궁리하니까 대요근의 움직임이 흉쇄관절에 제대로 전해지게 되었다"처럼 자기만 알 수 있는 사실을 점수화하는 일은 불가능합니다.

승마술도 똑같습니다. 누가 더 빨리 도착했는지를 가늠할 수는 있지만 '사람과 말의 일체도'는 수치화할 수 없습니다. 승마술에서 요구되는 것은 자기와 비非자기 사이의 소통의 깊이인데 말입니다.

이렇게 생각하니 교양교육의 정의를 조금씩 아시겠지요. 교양교육은 요컨대 의사소통 훈련입니다. 그것도 뭔가 잘 모르는 것과의 의사소통, 공통의 용어나 도량형이 없는 자와의 의사소통 훈련이지요. 그렇죠. 의례와 음악은 '존재하지 않는 것'과 관계 맺는 기법입니다. 상대방이 존재하지 않는 것일 경우 언어와 수치 같은 인간적 척도는 쓸 수 없습니다. 궁술과 승마술은 '인간이 아닌 것'-대요근이라든지 흉쇄관절은 인간의 일부이긴 합니다만 인간은 아닙니다-과 관계 맺기 기법입니다. 여기에도 인간적 척도는 쓸 수가 없습니다. 우리가 평소에 별생각 없이 사용하는 인간적 용어와 인간적 척도를 사용할 수 없는 조건에서 어떻게 해서든지 의사소통을 하는 훈련이 교양교육의 진짜 목적 아닌가 싶습니다.

교양교육을 이렇게 정의하면 전공교육도 저절로 정의됩니다. 교양교육의 정의를 '뒤집으면' 됩니다. 전공교육은 '내부 사람만의 파티'를 의미합니다. '전문용어로 대화가 되는' 장소, 혹은 '통하는 걸로 되어 있는' 장소입니다. 그곳에선 "이것은 어떤 의미입니까?" 같은, 술어의 뜻에 대해 묻는 질문을 해서는 안 됩니다. "이 학문은 왜 존재합니까?" "저 사람은 왜 잘난 체하는 겁니까?" 같은 질문도 허용되지 않습니다. 참가자가 '그 장소의 법칙'을 숙지하고 있는, 또는 숙지하고 있다고 상정하는 것이 전공교육입니다.

물론 전공과정에 이제 막 진학한 2, 3학년 학생은 거기에서 오가는 암호나 은어 같은 기호의 의미는 잘 모릅니다. 그러나 '아는 듯한 얼굴'을 하지 않으면 안 됩니다. 기호로 얘기하지 않으면 안 되기 때문에 기호를 사용할 수 없는 사람은 잠자코 있어야 하지요. 그래도 뭔가 이야기하고 싶으면 결국 기호를 사용할 수밖에 없습니다.

비즈니스맨도 똑같습니다. 회사에 들어가면 '자본'이나 '화폐', '시장' 같은 말들을 마치 의미를 잘 아는 일상 용어인 것처럼 사용하지만, 거기에서 일하는 사람들을 붙들고 물어보면, 그들도 정작 그 의미 따위는 잘 모릅니다. 정의해보라고 해도 가능하지도 않습니다. "자본이 자본이지. 현재 자본으로 유통하고 있는 것이 화폐지 뭐" 하는 정도밖에 설명하지 못합니다. 이는 동어반복에 불과하죠. 그런데 그게 바로 '전문적'이라는 것의 특성입니다. 그곳에서 주고받는 용어를 정의하려면 반드시 동어반복, 순환참조가 됩니다. 그것으로 충분합니다. 그것이 전문적이라는 것이기 때문이죠.

저도 경험한 적이 있습니다만, 대학원에 가니 선배들이 어려운 전문용어를 구사해서 뜻도 모를 이야기를 하고 있었습니다. 저는 그 대화를 따라갈 수 없어서 그냥 멍청하게 듣고 있었죠. 그러다 보니 어느새 그 전문용어의 '사용방식'을 알게 되었습니다. 그렇다고 그 의미를 제대로 안 것도 아닙니다. 의미 같은 건 몰라도 전문용어를 사용할 수 있습니다. 왜냐하면 이곳에선 "당신은 그 말을 어떤 의미로 사용하고 있습니까?"라는 질문을 해서는 안 되는 규칙이 있기 때문에, 착각을 하고 있어도 꼬리 잡힐 위험은 없습니다. '의미는 잘 모르지만 사용하는 방식은 아는' 전문용어를 늘어놓고 논문을 쓰면, 선생에게 "잘 썼군!" 하고 칭찬을 받거나 학술지에 게재됩니다. '역시 그런 거군!' 하고 계속 쓰다 보면 전문가로서 인정받게 됩니다. 대개 그렇게 돌아가죠.

그런데 내부 사람들의 파티만으로는 전문영역이 성립하지 않습니다. 어떤 전문영역이 유용하다고 인정받으려면 다른 분야의 전문가와 협력할 때 비로소 가능합니다.

영화 〈미션 임파서블〉처럼 '팀으로 일을 하는' 이야기에는 폭탄이나 컴퓨터, 변장에 이르기까지 다양한 분야의 전문가들이 나옵니다. 그들이 저마다 자신의 특기를 갖고 서로 협력함으로써 혼자서는 성취할 수 없는 큰일을 해냅니다. 다른 전문가와 협력할 수 있는 사람, 그것이 전문가에 대한 올바른 정의입니다. 다른 전문가와 협력할 수 있으려면 자신은 어떤 영역의 전문가이고 그 능력이 다른 영역과 협력을 통해서 어떤 효과를 발휘하는지, 비전문가에게 이해시키지 않으면 안 됩니다.

앞에서 전문영역은 '은어로 이야기가 통하는 세계'를 가리킨다고 말씀드렸습니다. 하지만 전문가는 사실 다른 전문가와 공동작업을 하지 않으면 아무것도 못합니다. '혼자 무엇이든지 가능한 전문가'는 형용모순입니다. 혼자서 사냥을 하거나 물고기도 잡을 수 있고 벼농사를 짓거나 대장장이 일도, 목수 일도 할 수 있는 사람을 우리는 전문가라고 부르지 않습니다. 전문가는 자신의 전문영역 일밖에 할 수 없지만 그 대신 다른 전문가와 '합체'하면 폭발적인 능력을 발휘하는 사람입니다. 그래서 전문가는 '자기 전문영역의 은어가 통하지 않는 사람들'과 밀도 높은 커뮤니케이션을 이루어내지 않으면 안 됩니다. 자신이 어떤 분야의 전문가라는 것을 다른 분야의 전문가들에게 이해시킬 수 없는 전문가는 아무도 찾지 않습니다. 전문영역이라는 것은 은어로 이야기가 통하는 세계이고 거기에서 전문가가 양성되지만, 전문가는 '은어가 통하지 않는 상대'와 의사소통이 되지 않으면 아무런 도움이 되지 못합니다.

실제로 아무런 도움이 되지 못하는 전문가는 많습니다. '고학력 바보'라고 불리는 학자들이 그렇지요. 자기 전문영역에서는 빛나는 업적을 쌓아 '내부 파티'에서는 의기양양한 얼굴을 하고 있지만, 정작 자신이 무슨 연구를 하고 있는지 비전문가들에게 설명할 수 없기 때문에 아무런 도움이 되지 못하는 겁니다.

그렇기 때문에 교양교육과 전공교육 두 가지가 동시에 진행되어야 합니다. 교양교육은 앞에서 말씀드린 것처럼 자신과 공통의 언어와 가치체계를 갖지 않는 자와의 의사소통하는 방식을 배우기 위한 것이기 때문입니다. 먼저 교양교육을 통해 자신과 다른 세계에 사는 사람과의 의사소통 방식을 배웁니다. 그리고 '그들만의 리그'에서 은어로 대화하는 방법을 배웁니다. 그러고 나서 지금까지 은어로 말해왔던 것을 '은어가 통하지 않는 상대'에게 이해시키지요. 거기까지 가능해지면 고등교육은 일단 목표를 달성한 셈입니다.

자신을 포함한 풍경을
조감하는 힘

최근 몇 년까지 교양교육의 중심이 외국어교육이었던 것은 '자신과 공통의 언어, 공통의 가치 체계를 갖지 않은 자'와 의사소통하기 위해선 외국어를 아는 것이 효과적이라는 것을 경험적으로 알게 되었기 때문입니다. 구 제국고등학교가 그렇습니다.

저는 구 제국고등학교가 일본 교육사에서 가장 성공한 교양교육 시스템이라고 평가합니다만 여기에서 집중적으로 이루어진 외국어교육은 6예의 '활쏘기'나 '말타기'의 변형과 비슷하다고 생각합니다.

눈앞에 외국어 텍스트가 있습니다. 사전을 찾으면 단어의 의미를 하나하나씩 알 수 있습니다. 그러나 전체 문장의 의미는 전혀 모릅니다. 바로 책을 덮고 다음날 다시 열어봐도 여전히 이해할 수 없습니다. 그 다음날 열어봐도 역시 모릅니다. 그래도 계속 쳐다보고 있으면 '아 그렇군!' 하고 깨닫게 됩니다.

자신이 바뀌지 않으면 아무것도 바뀌지 않습니다. 단어 하나하나의 의미는 알고 있어도 자신이 예전 그대로의 자신인 한, 그 텍스트는 영원히 이해할 수 없습니다. 그러면 어떻게 바뀌어야 하는가. '아마도 이런 것이 쓰여 있음에 틀림없다'고 해석의 방향을 일정하게 한정짓는 자신의 지적인 편협함을 부숴야만 합니다. '지금까지 내가 한 번도 상상한 적 없는 이미지와 한 번도 느껴보지 못한 정서, 한 번도 언어화되지 않은 명제가 이 세상에 존재할지도 모른다'고 생각하지 않으면 이런 텍스트는 읽을 수가 없습니다.

이 과정은 자신의 습관적인 신체 사용방식을 일단 괄호 안에 넣고 지금까지 한 번도 사용한 적 없는 근육의 사용방식과 지금까지 한 번도 의식한 적 없는 관절의 사용방식을 음미한다는 점에서 활쏘기와 깊이 통합니다. 자신과는 생각하는 방식, 느끼는 방식, 표현하는 방식이 전혀 다른 '타자'에 동조하려고 '자기 세계의 경계선' 저쪽 편에 몸을 던져본다는 점에서는 말타기와도 통하지요.

억지처럼 들릴지 모르겠지만, 사람은 배우고 있을 때는 자신이 지금 무엇을 배우고 있는지 잘 모릅니다. 자신이 어디로 향하고 있는지도 잘 모르지요. 그러나 그것으로 된 겁니다. 그 '무지와 불능'을 자각할 때 비로소 자신이 하고 있는 것을 아는 시좌視座를 상상으로 설정할 수 있기 때문입니다. 그 상상의 시좌에서 자신이 있는 곳을 조감하는 것, 그것이 바로 '맵핑mapping'입니다.

지도를 그린다는 건 지도상의 점에 '여기가 내가 있는 장소'라고 표시하는 겁니다. 중요한 것은 지도가 처음부터 존재하지 않았다는 사실입니다. 어딘가에 만들어진 지도가 있어서 그 지도로 자신의 위치를 알 수 있는 게 아닙니다. 가게에서 파는 지도를 사 와도 현재 위치를 알 수 없는 것과 똑같습니다.

자신의 위치를 표시할 수 있는 지도는 자기가 스스로 만들어야만 합니다. 자신이 지금 땅 위에 서서 보고 있는 것, 여기에 강이 있고 저기에 언덕이 있고 저 너머에 산과 계곡이 있지만, 몇 발자국 움직이면 풍경이 조금씩 바뀝니다. 언덕으로 조금 올라가서 보면 산 높이가 미묘하게 바뀝니다. 이러한 데이터를 입력해서 상상 속에서 새의 눈이 되어 하늘 높이 올라가 자신이 포함된 풍경을 조감할 때 비로소 지도는 만들어집니다.

자신이 움직이지 않으면 지도는 만들어지지 않습니다. 지도에 따라 움직이는 것이 아닙니다. 자신은 이미 풍경 속에 있고 풍경의 일부를 이룹니다. 그 안에서 내가 움직이면 풍경도 바뀝니다. 그 변화 정도를 계산에 넣고 저편에 보이는 산의 고도와 도달 거리를 계측하면서 움직이기 때문에, 자신을 둘러싸고 있는 풍경을 조감할 수 있는 겁니다. 자신을 포함한 풍경을 조감하는 힘, 그 힘을 저는 '맵핑'이라고 부릅니다. 맵핑은 정지 상태로는 불가능합니다. 우주에서 인공위성이 지구를 내려다보는 그런 것이 아닙니다. 자기 자신의 힘으로 위치를 짐작해서 알아맞힐 수밖에 없습니다. 그리고 저는 이런 과정들이 인간에게 가장 중요하고 기초적인 지성훈련이라고 생각합니다.

역사의 쓰레기통에 버려지는 학문

─ 앞으로 일본의 고등교육은 어떻게 될까요? 1990년대에 일본 대학 대부분이 교양과정을 폐지했습니다. 입학하고 나서 2년이라는 긴 시간을 교양교육 같은 '쓸데없는 것'에 낭비

해서는 안 된다, 곧바로 전공교육을 듣는 편이 낫다는 재계와 산업계의 강력한 요청에 따라 1학년부터 전공교육을 하게 되었습니다. 그런데 15년 정도 그렇게 하면서 대학생들의 학력 수준이 현저하게 떨어졌습니다. 그 결과, 신입사원을 들여도 일을 제대로 해내지 못하게 되었지요. 옛날에는 교양교육을 2년 동안 하고 3, 4학년 때 전공교육을 했습니다. 전공교육 시간이 배로 늘어났는데도 옛날보다 전문 지식이 떨어지자 교양과정 폐지를 추진해온 문부성도 놀랐습니다. 하지만 잘 생각해보면 금방 알 수 있는 일입니다. 앞에서 말씀드린 것처럼 전문 지식만 공부하면, '능력 있는' 전문가는 나오지 않습니다. 그저 자신이 어떤 전문가인지도 모르는 사람들이 배출될 뿐입니다.

교양교육은 '자신이 무엇을 하고 있는지 모른다'는 자각을 기초로, 자신의 지성을 사용하는 방법을 배우는 것입니다. '자신이 어떻게 행동하면 좋을지 모를 때 그럴수록 더욱 적절하게 행동하는 방식'을 익히는 훈련이 바로 교양교육입니다.

그러나 전공교육은 결코 그런 훈련을 하지 않습니다. 왜냐하면 전공교육이란 '자신이 무엇을 하고 있는지 모두 알고 있다'는 것을 전제로 존립하기 때문입니다. 어떤 전문영역에서 자신이 인정받길 원한다면 "내가 지금부터 배울 전문영역은 무엇을 위해서 존재합니까?"라든지 "어떤 전문영역과 협력하는 것이 목표입니까?" 같은, 전문영역을 거시적으로 포착하는 질문을 해서는 안 됩니다. 앞에서 이야기했던 것이지만 정말로 그렇습니다.

만약 여러분이 다니는 학교에 그런 거시적인 물음에 제대로 대답해주는 선생이 많다면 거긴 아마 생긴 지 아직 얼마 안 된, 팔팔한 학계일 겁니다. 생긴 지 얼마 안 됐기 때문에 그런 거시적인 물음이 학계 내에서도 빈번하게 왔다갔다해서 그런 질문에 반감이 없는 것입니다. 하지만 보통은 그런 질문을 하면 노골적으로 불쾌한 얼굴을 하지요. "자네 같은 풋내기는 그런 걸 생각하지 않아도 되니까 잠자코 공부나 하게" 하고 야단을 치는 것이 보통입니다.

학계는 '이 분야의 연구는 언제부터 어떤 역사적 경위로 시작되었나?' 같은 존재 이유 그 자체에 대한 물음을 무의식적으로 기피하는 경향이 있습니다. 왜냐하면 그런 질문은, 어떤 이유로 어느 날 '탄생'한 이상 다른 이유로 소멸할 수도 있다는 것을 상기시키기 때문입니다.

학자들은 자신들이 하고 있는 전문 연구는 지금까지 쭉 존재해왔고, 미래에도 계속 존재하리라는 믿음을 포기할 수 없습니다. 그들이 거시적인 질문을 기피하는 것은 바로 그 때문입니다. 그래서 전공교육에서는 "이 학문은 무엇을 위해서 존재하는가?" 같은 물음은 신입생에게 허용되지 않습니다. 그러면 어떻게 될까요?

대학교 1학년부터 4년 동안 전공지식 공부만 하면, 어떤 특수한 기구를 만진다든지 모종의 계산식을 사용한다든지 하는 일에는 숙련공이 되지만, "그래서 넌 지금 뭘 하고 있는 거야?" 같은 비전문가의 물음에는 제대로 대답할 수 없게 됩니다. 왜냐하면 1학년부터 쭉 '그들만의 리그'에만 참가했기 때문에 다른 파티에서는 어떤 식으로 행동해야 하는지 모르는 겁니다. 다른 분야의 전문가와 아이디어를 교류하거나 학제적인 협력 장치를 고안하기 위해서는 무엇보다도 비전문가에게 자신의 전공 분야가 재미있다는 것을 설명하지 않으면 안 됩니다. 그러나 그런 훈련은 한 번도 받은 적이 없지요.

제가 아는 한, 어느 분야에서든 첨단 분야를 연구하는 사람은 다른 분야의 사람들에게 자기가 지금 연구하는 것을 아주 잘 설명합니다. 특히 이공계 학자들이 그렇지요. 여기에는 물론 이유가 있습니다. 이공계는 연구에 돈이 들어서 외부자금을 끌어들이지 않으면 연구가 진행되지 않습니다. 게다가 자금줄을 쥐고 있는 사람은 전문가가 아닙니다. 그 사람이 '이 연구는 재미있을 것 같다, 장래성이 있을 것 같다, 여러 분야에 응용할 수 있을 것 같다'고 생각하게 만들어야 합니다. 그렇기 때문에 알기 쉽게 설명을 잘하는 겁니다.

저도 인문계에 있는 사람이라 남 얘기 할 처지는 아닙니다만, 이공계와 달리 자신의 연구 분야를 알기 쉽게 설명할 수 있는 인문계 전문가는 아주 드뭅니다. 연구에 돈이 별로 안 드는 것이 그 이유입니다. 좀처럼 '그들만의 리그'에서 빠져나오지 못하지요. 그리고 지적인 판도 변화에도 둔감해서 나중에 정신 차리고 보니까 그 학계가 '역사의 쓰레기통'에 버려지는 일이 일어나는 것입니다.

슬픈 일입니다만 제가 있었던 불문학계가 그 전형입니다. 지금까지 불문학 연구자로서 현대사회 문제에 전문식견을 가지고 발언해온 사람은 거의 없었습니다. 일반 시민을 대상으로 매체를 통해 '우리는 이런 재미있는 일을 하고 있습니다' 하고 어필하는 노력도 거의 하지 않았습니다. 당연히 중학생과 고등학생이 프랑스문학에 흥미를 갖도록 궁리하지도 않았습니다. 그러나 학생들이 '저 대학, 저 선생님 밑에서 불문학을 공부하고 싶다'고 생각하지 않으면 불문학과 입학생은 늘어나지 않습니다. 신입생이 없는 학과를 언제까지고 그냥 둘 수 있을 정도로 지금 일본 대학의 재정 상태가 좋은 편은 아니기 때문에 "자, 이제 이 학과는 없앱시다"가 되는 것입니다.

이천 명에 이르던 불문학자들은 '그들만의 리그'에서 세월을 보내다가, 어느 날 정신을 차려 보니 대부분의 일본 대학에서 자기 학과가 없어졌습니다. 그리고 머지않아 불문학 교수 자리도 없어져버리겠죠.

사회학도 사정은 비슷한 것 같습니다. 이제 '사회학과'라는 학과명을 유지하고 있는 대학은 거의 없습니다. 불문학자와 비교하면 그래도 사회학자들이 대중매체에 꽤 적극적으로 나오고 있습니다만, 역시 비전문가에게 그 유용성을 이해시키기 위한 노력은 부족했던 것 같습니다. 그들은 시민을 향해서 "생각하는 일은 우리가 할 일이기 때문에 당신들은 아무것도 생각하지 않아도 됩니다"라는 태도를 취하기 십상입니다. 어찌 보면 든든하게 의지가 되는 것 같기도 하지만 그런 이야기만 계속 들으면 화가 날 수밖에 없죠.

중고등학생을 얕잡아보면 안 됩니다. 전문 영역이 지속적으로 활성화되기 위해서는 '새로운 피'가 계속 유입되어야 합니다. '뭔지는 잘 모르겠지만 이 영역은 재미있을 것 같다'고 기대를 품은 청년들이 바로

'새로운 피'입니다. 완전히 비전문가인 청소년들의 지적 욕구를 환기시키는 일은 전문 분야 학문이 계속 활성화되기 위한 필수조건입니다.

청년들의 지적 욕구를 환기시키는 데는 여러 가지 방법이 있습니다. 얼굴을 마주하고 "재미있으니까 들어와 봐!" 하고 말하는 것도 한 가지 방법입니다만, 학자들은 그런 일을 하지 않습니다. 오히려 '그들만의 리그' 내부 사람들끼리의 파티를 여봐란듯이 드러내 보이는 방법을 선호하지요.

내부 사람끼리만 통하는 은어로 내부 사람만 웃을 수 있는 개그를 아이들에게 과시하면서 '우리 멤버가 되면 다른 사람들에게 소외감을 느끼게 할 수 있다'는 것을 넌지시 암시합니다. 물론 이 수에 걸려들어서 전문가가 되는 아이들도 있습니다만, 학계에 '그런 사람'만 있으면 모임은 점점 폐쇄적으로 변하고, 내부 사람의 은어가 점점 암호화되어 결국에는 거기에서 뭘 하고 있는지 바깥에서는 알 수 없게 됩니다. 그렇게 되면 역시 더 이상 아무도 오지 않게 되겠죠. 여러 학문 영역이 인기가 없어지고 있습니다만, 솔직히 말하면 그 이유의 태반은 '내부 파티'에만 매달려서 중고생들의 욕구를 환기시키는 일을 태만히 한 결과라고 생각합니다. 그밖에도 '역사의 쓰레기통'에 던져질 것 같은 전문 분야가 몇 개가 더 있습니다만, 그 분야에 있는 연구자들의 감정이 상할 수도 있기 때문에 학과 이름은 말하지 않겠습니다. 그러나 정말로 심각하게 깊이 생각해볼 필요가 있다고 봅니다.

다른 전문가와
협력할 줄 아는 능력

하던 이야기로 다시 돌아가겠습니다. 전공교육을 강화한 덕분에 학생들의 학력이 떨어졌다는 이야기였지요. 아니 학력이 떨어진 것이 아닙니다. 전문 지식과 기술은 그 나름으로 익혔지만, 그것이 '무엇을 위한 것인지' 생각할 기회가 없었기 때문에 그 지식과 기술을 '어떻게 사용하면 좋을지'를 모르는 것이지요. 다른 전문 영역과 어떤 식으로 네트워크를 이루어서 어떤 새로운 것을 만들어 낼 수 있는지 '소통하는 방법'을 모르는 겁니다. 덕분에 특히 자연과학 분야에서 과학적 생산력이 떨어지고 말았습니다.

문부성과 중앙교육심의위원회는 황급히 "이래서는 안 된다, 역시 교양교육을 하지 않으면 안 된다" "1학년부터 전공교육만 하는 걸 중지하고, 처음 2년 정도는 교양과목을 수강하도록 하세요" 하고 말하기 시작했습니다.

대처가 늦긴 했지만 옳은 판단이었다고 생각합니다. 장래 여러 전문 영역으로 흩어질 사람들이 대학교 1, 2학년 때는 공통과목에서 만나 각자의 분야를 넘어 공유할 수 있는 공통기반을 만들어 냅니다. 그 플랫폼 위에서라면 어떤 분야의 사람과도 일단 대화가 통합니다. 학생들에게 그런 '커뮤니케이션 플랫폼'을 공유하게 하는 것이 교양교육의 목적입니다.

과거 구舊 제국고등학교가 교양교육 과정으로서 훌륭했던 점은 바로 이런 점이었을 거라고 생각합니다. 그곳에는 의사나 법률가, 기술자, 문학자가 될 사람들이 한 책상에 모여 머리를 맞대고 같은 책을 읽고 공통 논제에 대해 의견을 교환하는 시스템이 있었습니다. 그 결과 제대로 된 커뮤니케이션 플랫폼이 만들어졌습니다. 그래서 그 후에 저마다 다른 전문직에 종사하게 된 후에도 '이 일은 그 녀석에게 부탁하자'라든지 '이것에 관해서는 그 친구가 잘 알지' 하는 인적 네트워크가 살아 있었습니다. 누구에게 부탁하면 좋을지 아는 것은 아주 전문성이 높은 정보입니다.

'도움이 되는 전문가'라는 말을 오해하는 사람이 많은 듯한데, 이는 자신이 무엇을 할 수 있는지를 강하게 주장하는 사람을 뜻하는 것이 아닙니다. 그보다 자신은 무엇을 할 수 없는지를 제대로 파악해서 자신이 할 수 없는 일, 게다가 지원을 받지 않고서는 자신의 전문적인 지견을 살릴 수 없는 일에 대한 보고서를 제대로 쓸 수 있는 사람을 가리킵니다. 그렇지 않으면 적재적소에 필요한 전문가를 채용할 수 없기 때문이죠.

〈황야의 7인〉과 〈대탈주〉라는 액션 영화는 제가 가장 좋아하는 영화 베스트10에 들어가는 작품들인데, 이 작품들은 '전문가를 채용하는 방식'이 볼 만합니다. 〈황야의 7인〉에서는 크리스, 〈대탈주〉에서는 빅 엑스가 큰 프로젝트에 필요한 전문가 리스트를 만들고 거기에 걸맞은 인재를 채용합니다. 이 두 사람이 프로젝트의 리더가 된 것은 탁월한 전문 능력이 있기 때문이 아닙니다. 오히려 자신에게는 '무엇이 안 되는지, 무엇이 부족한지'를 명확하게 이해하고 있기 때문입니다(증명서 위조를 할 수 없다, 도둑질을 할 수 없다, 터널을 팔 수 없다 등등). 리더십은 이런 것이지요.

자신이 할 수 없는 것을 제대로 파악해서 자신이 할 수 있는 것과 연결할 수 있는 것, 그것을 저는 앞에서 '커뮤니케이션 플랫폼의 구축'이라고 말씀드렸습니다. 일본 교육에 가장 결여되어 있는 것은 타자와 소통하는 능력을 기르는 것이라고 생각합니다. 지금 일본의 교육문제는 어쩌면 전부 이 하나에 집약될지도 모릅니다.

경쟁을 강화해도 학력이 오르지 않는 까닭

오늘날 대부분의 사람들은 학력 향상은 경쟁을 통해서 달성된다고 믿고 있습니다. 확실히 개인의 학력은 경쟁을 통해서 향상시킬 수 있습니다. 하지만 경쟁에서 이기는 것만 가르치면, 아이들은 가까운 장래에 자기 혼자만 유능하고 상대적으로 나머지는 자기보다 무능한 상태를 이상적인 것으로 생각하게 됩니다.

'상대적'이라는 점이 핵심입니다. '지금 여기에서의 경쟁에서 이긴다'에 한정해서 보자면 자신의 학력을 올리는 것과 경쟁 상대의 학력을 떨어뜨리는 것은 결과적으로 같기 때문입니다. 그리고 대부분의 아이들은 '자신의 학력을 올리는 노력'에 상응하는 노력을 '경쟁 상대의 학력을 떨어뜨리는' 일에 투입합니다. 물론 태반은 무의식적으로.

아이들은 실로 바지런히 경쟁 상대의 지적 성취도 향상을 방해하려고 합니다. 가령 학원에서 선행학습을 한 아이는 학교에서 종종 자신이 이미 배운 단원의 수업을 방해합니다. 수업 중에 돌아다니거나 노래를 부르고, 옆 사람에게 말을 걸기도 합니다. 보통은 '이미 알고 있어서 재미없어 한다'고 해석합니다만 아닙니다. 그들은 수업을 방해함으로써 경쟁 상대의 학력을 끌어내리려고 하는 겁니다.

제가 있는 대학은 센터시험(한국의 수학능력시험_역자 주) 장소를 제공하기 때문에 교수들이 시험감독을 하는 경우가 종종 있습니다. 저는 해마다, 쉬는 시간에 친구들끼리 모여서 큰소리로 떠들며, 마지막 순간까지 참고서에 밑줄 그으며 공부하고 있는 다른 수험생들을 방해하는 풍경을 봅니다. 물론 당사자들은 자기가 그런 야비한 일을 하고 있다고 깨닫지 못합니다. 그만큼 짧은 휴식시간을 이용해서라도 경쟁 상대를 방해하는 태도가 그들에게 체화된 겁니다.

경쟁으로 학력 향상을 도모하려는 전략은 결과적으로 모두가 서로의 다리를 잡아당기는 상황을 낳습니다. 누가 나빠서가 아니라 논리적으로 당연한 결과입니다. 그리고 모두의 학력은 끝없이 추락해갑니다.

일본 아이들의 학력 저하는 대학진학률 상승, 글로벌화 진행과 거의 동시에 일어났습니다. 이는 어떤 의미에서는 당연한 결과입니다. 경쟁이 격화되고, 한 가지 측정법을 적용한 등급 매기기가 전체에 영향을 미치게 되면 '무슨 수로 경쟁 상대의 학력을 떨어뜨릴 수 있을까?' 하는 전략 세우기에 지적 자원 배분이 편향되는 건 당연합니다.

자신의 학력을 올리려는 노력은 자기 혼자에게만 해당되지만 타인의 학력을 떨어뜨리려는 노력, 예를 들어 잡담을 해서 교사를 화나게 하는 것은 반 전체의 학습을 방해할 수 있습니다. 비용효과로 보자면 경쟁 상대의 학력을 떨어뜨리는 편이 압도적으로 경제적입니다. 무엇이든 창조하는 것은 힘들지만 파괴하는 것은 간단합니다.

거듭 말씀드립니다만, 경쟁을 강화해도 학력은 올라가지 않습니다. 적어도 지금의 일본처럼 닫힌 상황, 한정된 구성원들 사이의 '실험쥐 경주'에서 우열을 정하는 한, 학력은 올라가지 않습니다. 떨어질 따름입니다. 학력을 올리기 위해서는 자신들이 있는 곳과는 다른 장소, '바깥'과의 관계 맺기가 필수적입니다. 〈황야의 7인〉에서는 산적이, 〈대탈주〉에서는 독일군 간수가 주인공들을 방해합니다. 그래서 오히려 진지하게 '자신들이 할 수 없는 일'을 확인하는 작업을 하게 되는 겁니다. 그 결함을 메우지 않으면 '바깥'을 상대로 한 프로젝트-산적 퇴치, 포로수용소 탈주-는 성공하지 못합니다. 그러므로 당연히 자기가 할 수 없는 일을 맡아줄 친구에겐 깊은 경의를 표시하고 가능한 한 지원하는 것이 필수적입니다.

본래 아이들에게 처음으로 가르쳐야 할 것은 이런 것입니다. 어떻게 서로를 도울까, 어떻게 서로 지원할까, 어떻게 혼자서는 결코 달성할 수 없는 큰일을 함께 달성할까, 우선 이를 위해 필요한 인간적 능력을 키우는 데 교육 자원을 집중시켜야겠지요. 그러나 지금 우리는 오히려 어떻게 친구의 다리를 잡아당길까, 어떻게 하면 다른 사람을 따돌리고 혼자만 좋은 것을 가질까 같은 '야비한 매너'를 어릴 때부터 가르치고 배우고 있습니다. 경쟁에서 이긴다는 것은 요컨대 그런 것이기 때문입니다. 부모와 교사가 그런 화법을 노골적으로 사용하지 않아도 아이는 압니다. 그렇게 해온 결과 '이런 식으로' 돼버렸습니다. 이제 '그런 것'은 그만두어야 할 때입니다.

6

갈등하게 만드는
사람으로서의 교사

좋은 교사를 키우기만 하면
좋은 교육이 이루어진다는 생각 그 자체가
저는 틀렸다고 생각합니다.
'좋은 교사'가 '옳은 교육법'으로 교육하면
아이들은 점점 성숙해진다는 생각이,
인간을 너무 얕게 이해한 것이라고 생각합니다.

교사는 언제나
반反권력

── 교사는 과연 인기 있는 직업인가요? 어떤가요? 노동조건이 좋으면 교직에 사람이 모이고 나쁘면 안 올 겁니다. 아주 심플하죠.

어떤 분은 교사란 직업은 대우가 좋다, 월급이 많고 방학도 있다, 그래서 '괜찮은 장사'라며 약간 비꼬는 듯 말씀하기도 합니다만 과연 그런 이유만으로 사람들이 교사의 길을 선택할까요?

일본에서는 오히려 교사는 일관되게 '인기 없는 직업'이 아니었나 싶습니다. 교사는 대부분 공무원이니까 지금처럼 경기가 안 좋을 때는 회사원보다 급료가 좋아 보일지도 모릅니다. 그러나 권력과 부, 명예나 문화자본에서 다른 사람보다 압도적인 우위에 서고 싶은 사람, 양극화 사회를 인정하는 출세주의자가 선택할 직업은 아닙니다. 교사는 그 시대의 지배적 가치관과 어긋나는 생각을 하는 사람이 되는 것이 좋다고 생각합니다. 그리고 저는 교사의 요건은 그것으로 충분하지 않은가 생각합니다.

제 아버지는 사범학교를 나와 잠시 동안 초등학교 교사생활을 했습니다. 당시 사범학교는 공부는 잘하지만 집이 가난한 아이들이 가는 곳이었습니다. 수업료가 면제되어 가난한 집 아이들이 중등교육을 받을 수 있는 유일한 곳이었지요. 그런 가난한 수재들이 사범학교 기숙사에 모여 초등학교 교사가 되기 위한 훈련을 받았습니다.

아버지의 이야기로 미루어 사범학교는 지적으로 열려 있는 곳은 아니었던 것 같습니다. 자부심이 있고 야심도 있지만 집안이 가난해서 상급학교에 갈 수 없는 아이들이 모였으니, 좌절감이나 증오, 질투 같은 감정들이 만연한 분위기였을 겁니다. '가난하다는 이유로 능력을 발휘할 기회도 주지 않는 이 사회는 이상해', 사범학교 학생들은 당연히 그런 식으로 생각하게 됩니다. 그런 의구심을 안고 감수성이 예민한 시기를 보낸 청년들이 졸업해서 초등교육을 담당했던 겁니다.

그런 이들이 교단에 섰을 때 어떤 교사가 될까요? 상상하기 어렵지 않습니다. '세상은 이것으로 됐어' '지금 일본은 이상적인 사회야' 하고 생각하는 사람은 구조적으로 교단 위에 설 수 없습니다. 사춘기에 '세상은 좀더 공정하고 좀더 평등하고 좀더 평화로운 곳이 되어야 한다'는 생각을 품었던 청년들이 교단에 서게 됩니다. 이것은 초등교육에서는 이상적인 환경이라고 할 수 있습니다.

평범한 초등학교에 진학한 아이들이 우러러보는 교사 중에 그 시대의 사회 시스템에 만족한 사람은 없었을 겁니다. 집은 가난하고 부모는 이해력이 부족해 재능을 발휘할 기회를 얻지 못하는 아이들에게도 기회가 주어져야 한다는 점에 대해서는, 당시 초등학교 교사들은 지금보다 훨씬 더 깊은 확신이 있었을 겁니다. 실제로 그런 아이들을 발견하고 용기를 북돋워주고 지원하는 데 꽤 열심이었던 것 같습니다. 자기가 돕는 아이들이 자신의 분신으로 보였을 테니까요.

아이들은 초등학교에 들어가서 이처럼 조금은 지나친 이상주의자

같은 교사를 만납니다. 오히려 '부자는 훌륭하다' '권력자는 훌륭하다' '군인은 훌륭하다' '관료는 훌륭하다' 같은 통속적인 출세주의를 신봉하는 교사는 초등교육 현장에서는 소수였을 겁니다. 그리고 교사들의 이상주의는 개인적인 불만과 사회에 대한 의구심의 산물이지 체계가 잡힌 하나의 세계관인 경우는 드물었을 겁니다. 하지만 이 이상주의는 아이들이 '있는 그대로의 세상'을 받아들이는 데 강한 제동을 걸었습니다.

이 이상주의적인 교사들이 어떤 일을 했는가 하면, 재능 있는 아이들을 발견해서 지원하고 공부시켜서 상급학교에 진학시키고, 입신양명하여 금의환향하게 만들었습니다. 자신을 하층으로 등급 매기는 출세주의에 강하게 반발하면서도 분신 같은 아이들이 사회 상위층에 서는 것에는 무방비했고, 오히려 기대를 했죠.

이것은 모순입니다. 자기가 아는 누군가가 부자나 고위직인 사회는 불공정하고 자신의 제자가 부자나 고위직이 되는 사회는 공정하다니, 논리적으로 이상하죠. 도대체 이 선생들은 출세주의를 긍정하는 것인지 부정하는 것인지, 어느 쪽인지 모르겠습니다.

그런데 실은 시종일관 같은 태도를 취하지 않아도 괜찮습니다. 논리적으로는 이상하지만 뭔가 달라져야 한다는 절실함은 전해져 오니까요. 그것으로 된 겁니다. 교사는 오히려 말과 행동이 일치하면 좋지 않습니다. 이런 모순된 태도를 취하고 있는 교사가 교육자로서는 가장 좋은 감화를 일으킵니다. 논리에 빈틈이 없는 깔끔한 선생은 오히려 곤란합니다. 그래서는 아이가 성장하지 못합니다. 성숙은 갈등을 통해서 성취되기 때문이죠.

　아이는 학교를 다니게 되면서 선생이 말하는 것과 부모가 말하는 것-혹은 이웃 어른이 말하는 것-이 다르다는 것을 먼저 알게 됩니다. 최초의 갈등입니다. 그리고 마침내 그 선생도 부모도 역시 저마다 말하고 있는 것이 일관되지 않다는 것도 알게 됩니다. 두 번째 갈등이죠. 그것으로 된 겁니다. 아이들이 오랜 시간을 들여서 배워야 하는 것은 '깔끔한, 모순 없는 사회의 매끄러운 성립'이 아니라-그런 것은 존재하지 않습니다-모순된 사회의 모순된 성립에 대한 넓은 포용력과 거친 통찰입니다. 그러므로 교사 자신이 모순된 존재라는 것은 교육적으로는 전혀 문제되지 않습니다. 만약 교사 중에 "이 세상에서 마지막에 이긴 사람이 옳은 사람이다"든지 "능력 없는 사람은 살아남을 자격이 없다" 같은 말을 태연하게 하는 사람만 있다면 아이들에게는 꽤 좋지 않겠죠. 그렇다고 해서 "이 세상의 구조는 모두 잘못되어 있다, 이 세상에서 성공한 사람은 모두 악인이고 착한 사람은 모두 불행하다"고 말하는 것도 곤란합니다. 적당한 것이 좋습니다.

　승리와 패배의 경쟁구조에 이의를 제기하면서도 아이들이 성공과 승리를 거두도록 자극하는 선생, 약자나 패자에게 깊이 공감하면서도 강자나 승자의 노력을 높이 평가하는 것을 잊지 않는 선생, 현 사회를 지배하고 있는 이데올로기에 완전히 동의하지도 않고 완전히 반대하는 것도 아닌, 그 안에서 분열되어가는 선생, 그래서 종종 말이 이치에 맞지 않는 선생, 그런 선생이 좋은 선생입니다.

단호하게 흔들림 없는 가치관으로 누구의 말도 듣지 않는 선생도 문제이고, 자기 생각 없이 다른 사람들 기색만 살피는 선생도 문제입니다. 교육자는 사회적으로 비뚤어진 위치에 있는 게 잘 어울립니다.

전후 일본에서는 교원 노조가 교사의 사상에 상당한 영향을 미쳤습니다. 전쟁 전의 '사범학교적 이상주의'가 전쟁 후에는 '좌익적 이상주의'로 바뀌었다 생각하면 그 구조를 잘 알 수 있습니다. 초중등 교육을 담당하는 교사들의 마음에 지금 세상은 잘못되어 있다는 의심과 회의가 깔려 있는 건 아마도 교육이 제대로 기능하는 데 필수적인 사항일 것입니다.

일본 교원 노조의 영향력은 1980년에 들어 급속하게 떨어집니다만 반권력·반체제적인 감수성은 다른 형태로 교육 현장에 살아 남았습니다. 교원 노조를 대신해서 등장한 것은 신좌익 학생운동가들입니다. 일본 교육사에서는 아마 거의 언급되지 않았을 테지만 이 기회에 제가 생각하는 점을 말해보고자 합니다.

1960년대부터 1970년대 초반, 대학 투쟁에 참여한 학생운동가 중 상당수는 자본주의적 기업에 취직하기를 거부하고 교사나 입시학원 강사가 되었습니다. 통계 결과가 있으면 매우 흥미로우리라 생각합니다만, 말하자면 그 무렵 학원에는 '고학력·반권력' 성향을 가진 교사가 차고 넘쳤습니다.

도쿄대학 전공투全共鬪* 의장이었던 야마모토 요시타카山本降는 입시학원에서 물리를 가르쳤습니다. 〈베트남에 평화를!〉 시민연합에 소속되어 있던 오다 마코토小田實는 영어를 가르쳤습니다. 그들의 이름값 덕분에 모여드는 학원생도 많았습니다. 저도 1970년대에 몇 군데 학원에서 아르바이트한 적이 있어서 기억하고 있습니다만, 신좌익 학생운동가는 대부분 가난했지만 서로 도움을 주고받는 분위기여서 누군가 아르바이트 자리가 생기면 밥을 못 먹는 어려운 친구들을 불러들입니다. 아르바이트생 전원이 운동가인 학원이 있을 정도였습니다. 그들은 가르치는 일에 무척 열심이었고, 아이들의 진학률도 좋아 학원은 번창했습니다. 희한한 이야기입니다만.

그런 아르바이트를 했던 학생들의 상당수가 그 뒤에도 취직을 못하거나 또는 안 하고 학원을 열거나 대학원에 진학해 교수가 되었습니다. 교육 현장은 메이지시대 이후 반체제적 청년에게 시종일관 문턱이 낮았던 것 같습니다. 과거 운동가들이 지금은 이미 5,60대 나이의 관리자가 되었습니다. 일전에 사립 중고등학교 교사들 상대로 강연을 한 적이 있는데, 사전에 만나 이야기를 나누다 보니 저를 강사로 초대한 60대 선생님이 바로 30년 전 당시의 학생운동가였습니다. 교사는 반권력적인 편이 좋다는 제 직감이 맞아떨어지는 느낌이 들었습니다.

---

* 전학공투회의全学共鬪会議의 약칭. 대학 내 학생자치회의 전국 연합 조직이 '전학련全学連'인데, 그와는 달리 기본적으로 1970년 안보투쟁 혹은 개별 대학 투쟁 승리를 위해 학부를 넘어선 연합체로서 각 대학에 만들어진 조직이다. _ 역자 주

배움의 문을 여는
마법의 주문

교육 붕괴의 원인 중 하나로 교사의 교육력이 떨어졌다는 지적이 있습니다.

'교육력-잘 가르치는 능력-교수력'의 정의가 무척 애매하지만, 아이들을 배움으로 이끄는 힘 또는 배움이 일어나도록 동기부여 하는 힘이라고 해석한다면, 교사들이 반체제·반권력적이지 않게 되어버린 게 교육력이 떨어진 이유 중의 하나가 아닐까 싶습니다.

요즘 젊은 교사들을 보면 고용 안정성을 주된 이유로 이 직업을 선택한 사람이 꽤 많습니다. 수년 전에 교육학과가 인기학과가 되었다는 얘기를 들었을 때 이건 좀 곤란하다고 생각했습니다만 역시 걱정한 대로 진행되고 있습니다.

공립학교 교사에게 물어봐도 아이들과 지내는 게 너무 좋아 교사가 되려는 사람들은 임용시험에서 떨어지고, 교사가 되어선 곤란하다 싶은, 임용시험만 준비하고 교육 자체에는 별로 관심이 없는 사람들이 임용시험에 합격하는 경향이 높아졌다고 합니다. 후자의 경우에는 선생이 되어도 실제로 교실에 들어가서 뭘 하면 좋을지 모릅니다. 학생들과 눈도 마주치지 못하고 칠판만 바라보며 혼자서 중얼거립니다. 그러다 우울증이 와서 장기결근을 해버리죠.

이는 학교에 한정된 이야기가 아닌 것 같습니다. 다른 직업에서도 수십 대 일의 경쟁을 뚫고 취직한 청년이 입사하고 몇 주 후에 상사에

갈등하게 만드는
사람으로서의 교사

게 업무 실수를 지적받은 것을 계기로 회사를 결근하고, 정신과 진단서를 끊어 일 년 정도 휴직하더니 그대로 회사를 그만둬버리는 이야기를 자주 듣습니다. 꽤 노력해서 얻은 일자리일 텐데, 당사자들은 자신이 구체적으로 어떤 일을 하게 되는지 별로 생각하지 않고 직장을 정한 게 아닌가 싶습니다.

취업 준비하는 학생들을 봐도 그들은 초봉과 유급휴가, 복리후생시설과 자본금 등 '회사의 장래성'에 대해서는 알아보면서 정말 중요한 사실, '회사에 들어가면 어떤 일을 하는지'는 구체적으로 잘 모릅니다. 뭘 하는지 알아내는 기술도 없습니다. 수치 데이터는 모으지만 수치 이외의 정보는 거의 갖고 있지 않습니다. 회사에 들어간 뒤 "이럴 리가 없다"며 놀라는 건 당연합니다.

아마 교직에서도 같은 일이 일어나겠죠. 외형적인 고용조건만 비교하여 다른 일보다 유리하다고 판단하고 교직을 선택한 청년은 현장에 나가 놀랄 수밖에 없습니다. 아이는 '살아 있는 생명체'이기 때문이죠. 교실에서 잡담을 하거나 이리저리 돌아다니는 아이를 어떻게 대해야 하는지 그런 노하우는 교육학개론이나 교과교육 방법론에 나오지 않습니다.

거듭 말씀드리지만 전공교육에서는 '왜 이런 과목이 존재하는가?' 같은 근원적인 질문을 해서는 안 됩니다. 그런데 현장에서는 갑자기 "선생님, 왜 거기에 우두커니 서 있는 거예요?" 하는 예상 밖 질문과 직면하게 됩니다. 젊은 교사들은 이럴 때 어떻게 하면 좋을지 배우지 못했습니다. 사범학교에서는 '배우지 않은 것'에 관해서는 "배우지 않았습니다" 하면 그 이상 질책을 받지 않습니다. 하지만 현장은 다릅니다. 어떤 식으로 처리하면 좋을지 모르는 문제에 갑자기 맞닥뜨리게 되고, 거기에서 즉시 판단하고 즉시 대답을 내놓지 않으면 안 됩니다. 딱한 일이죠.

배운 것을 외우기만 하면 만점을 받을 수 있는 시험에 합격해서 일을 얻긴 얻었는데, 막상 그곳은 배우지 않은 것에 대해 즉시 대답하도록 요구하는 곳입니다. 이를 위한 훈련을 일본의 학교교육은 구조적으로 등한시해왔다는 것이 제 주장입니다. 어떻게 행동하면 좋을지 모를 때 적절하게 행동하는 능력을 기르는 것이야말로 교양교육의 목적입니다.

앞에서도 말씀드렸습니다만 그게 그렇게 어려운 이야기도 아닙니다. 그것이 배움의 기본이기 때문에, 모르는 것이 있으면 알고 있을 것 같은 사람에게 묻는 것, 그뿐입니다. 자신이 무엇을 모르는지, 무엇을 할 수 없는지를 적절하게 언어화하고, 그 대답을 알고 있을 것 같은 사람, 그 대답에 이르는 길을 가르쳐줄 것 같은 사람을 찾는 것, 그리고 그 사람이 대답을 가르쳐줘도 좋을 것 같은 마음을 갖게 하는 것, 그것뿐입니다.

'그것뿐'이라고 말하긴 했지만 사실은 꽤 어려운 일이기도 합니다. 비유적으로 말하자면 이런 상황입니다. 길을 가다보니 앞에 문이 있습니다. 이 문을 통하지 않으면 앞으로 갈 수가 없지요. 하지만 문이 잠겨 있습니다. 똑똑 노크를 하니까 문 저편에서 "암호는?" 하고 묻습니다.

자, 어떻게 해야 할까요? '배운다는 것이 무엇인지'를 배워온 사람에게 그 대답은 간단합니다. "모릅니다. 가르쳐주세요"입니다. 그러자 문이 열립니다.

지금까지 걸어온 길 어딘가에 암호가 놓여 있거나 팔고 있었는데 깜빡 놓쳤다고 생각하는 사람은 서둘러 되돌아가겠지만, 어디에도 암호 같은 건 팔지 않습니다. 배움의 문을 여는 암호는 "모릅니다. 가르쳐주세요"입니다. 간단한 듯 보이지만, 쉽지 않습니다. 지금은 '문'을 비유로 들었습니다만, 실제 상황에서는, 아주 개인적이고 구체적인 '모르는 것' '할 수 없는 것'에 맞닥뜨려 멈춰섭니다. 그때 이 상황을 언어화하지 않으면 안 됩니다. 자신이 할 수 있는 것, 아는 것을 언어화하는 것은 간단합니다. "나는 이것을 할 수 있습니다, 이것을 알고 있습니다, 자전거를 탈 수 있습니다, 오므라이스를 만들 수 있습니다, 프랑스어를 말할 수 있습니다…" 하지만 할 수 있는 것을 아무리 나열해도 지금 직면하고 있는 문제는 조금도 해결되지 않습니다.

지금 자신에게 부족한 것, 자신이 할 수 없는 것, 자신이 모르는 것, 그 결여와 불능 때문에 현재 곤혹을 겪고 있다는, 그 상황을 제대로 언어화하지 못하면 도움을 요청하는 일은 불가능합니다. 어려운 일입니다. '없는 것'을 말하는 일이기 때문입니다. '있는 것'을 말하는 것은 간단하지만 '없는 것'을 표현하는 것은 아주 어렵습니다.

'가르쳐줄 것 같은 사람'을 찾는 것은 그렇게 어렵지 않습니다. 정말로 곤란할 때면 인간은 자기를 도와줄 것 같은 사람을 수많은 사람들 속에서도 콕 집어 찾아내기 때문이지요.

20년 전쯤 일입니다만, 도쿄 역에서 스키장행 야간버스를 기다린 적이 있습니다. 밤 10시 무렵이었습니다. 한 외국인이 개찰구를 나와서 주위를 두리번거리고 있었습니다. 그리고 딸과 함께 서 있는 저를 발견하고는 곧장 다가와서－약 30미터 거리 속 인파를 헤치고－"좀 부탁드리고 싶은 일이 있습니다" 하고 말했습니다. 오사카에서 신칸센을 타고 왔는데 기차에 코트를 두고 내렸다는 겁니다. 그래서 역 사무실로 그를 데리고 가서 타고 온 기차와 앉은 좌석의 위치, 코트 모양을 설명해서 결국 코트를 찾았습니다. "고맙습니다" "천만에요" 하고는 헤어졌습니다만, 나중에 생각해보면서 새삼 신기했던 것이 '어떻게 그 혼잡한 인파 속에서 영어가 통하고 도움을 줄 것 같은 사람을 단번에 찾았을까?' 하는 것이었습니다.

그 역시 알 수 있습니다. 궁지에 몰리면 안테나의 감도가 올라갑니다. '도움을 줄 사람이 누구인가?'는 경우에 따라서는 사활이 걸린 중요한 정보이기 때문에 당연히 모든 인간은 그것을 감지할 잠재적 능력을 갖추고 있습니다.

'멘토는 누구인가?'도 그와 똑같은 종류의 중요한 정보입니다. 멘토라는 존재는 내가 모르는 것을 알고 있어서 틀림없이 나에게 뭔가를 가르쳐줄 수 있는 사람입니다. 그런데 우리 주변에는 수많은 사람들이 있습니다. 모두 얼굴도 모르는 사람들입니다. 그중에 어떤 사람이 나에게 '내가 모르는 것'을 가르쳐줄 수 있다고 추정할 수 있는가? 왜 유독 그 사람이 나에게 가르쳐줄 거라고 생각하는가? 이론적으로는 있을 수 없는 일이지요. 하지만 우리는 그런 있을 수 없는 일을 일상적으로 겪고 있습니다. 아마도 몇 번의 작은 실패를 통해 판단하는 힘이 생긴 것이겠지요. 자신이 왜 그것을 할 수 있는지 스스로 설명할 수는 없지만, 설명할 수 있는 경우도 있습니다.

우리는 자신의 멘토를 고를 수 있습니다. 다만 그러기 위해서는 다양한 경험을 쌓아야 합니다. 손이 많이 가는 일입니다. 그리고 문을 열기 위해서 마지막으로 해야 하는 일은 그 사람에게 가르쳐주고 싶은 마음이 들게 하는 것입니다. 방법은 비교적 간단합니다. 예의를 다하여 정중하게 부탁하는 것입니다. "됐으니까 가르쳐줘!" 건방지게 말하면 아무리 보채도 가르쳐주지 않습니다. 가르침을 받을 때는 제대로 경의를 표하는 태도가 필요합니다. "부탁드립니다"는 뭔가를 배울 때 쓰는 '마법의 주문'입니다.

영화 〈고스트 버스터즈〉에서 환경부 공무원이 고스트 버스터들의 수상한 '유령 체포 기계'를 조사하겠다며 지하실을 보여 달라고 주인공을 위협하는 장면이 있습니다. 주인공이 쌀쌀맞게 거절하니까 공무원이 화가 나서 "왜?"라고 묻자 주인공은 이렇게 대답합니다.

"당신은 마법의 주문을 잊어버렸으니까."

"마법의 주문이라니?"

"부탁합니다! please!"

그런 겁니다. 젊은 신입교사가 처음으로 교실에 들어갔을 때, 아이들이 매우 거칠게 반항하더라도 만약 그가 제대로 된 배움의 기초를 익히고 있다면 갑자기 정신과로 달려갈 정도로 곤혹스러운 일은 없을 겁니다. "이럴 때는 어떻게 하면 좋을까요?" 하고 도와줄 것 같은 동료에게 물어보면 되니까요. 모두 그렇게 경험을 쌓아 왔습니다. 만약 그렇게 도움을 청하는 것이 힘들다면 그 사람에게는 배움의 기초가 없는 것입니다. 그리고 배움의 기초를 익히지 못한 선생이 배움의 장場을 이끄는 것은 이론적으로 불가능합니다.

어쩔 수 없이 교사가 된 사람일지라도

'어쩔 수 없이 교사가 된 사람'이라는 말이 있었습니다. '교사라도 해볼까?' '교사밖에 할 게 없다' 같은 소극적인 동기로 교사가 된 사람이 많았던 시대의 이야기입니다.

제가 고등학생이었던 1960년대까지, 즉 교원 노조 가입률이 90퍼센트 정도였던 시대까지는 교사의 태만과 향상심의 결여를 지적할 때 자주 사용되던 말입니다. 그런데 저는 어쩌면 이렇게 '어쩔 수 없이 교사가 된 사람'이 오히려 교사로서 더 좋은 자질을 갖춘 게 아닐까 생각합니다. 앞에서 말한 것처럼 전쟁 전에 초중등교육을 했던, 사범학교를 나온 선생들은 결코 엘리트가 아니었습니다. 제 아버지처럼 가난한 집에서 태어난 소년은 교사밖에 할 게 없어서 어쩔 수 없이 교사가 되었기 때문에 교사 일이 그다지 즐겁지 않았던 것 같습니다. 실제로 아버지는 스무 살이 되기 전에 출근하는 척 집을 나와서는 그대로 배를 타고 만주로 가버리고 말았습니다만, 도망간 만주에서도 역시 일이 없어서 잠시 동안 초등학교 교사를 했습니다. 그런데 신기하게도 본인은 그렇게 교사 일을 싫어했는데, 전쟁이 끝나고 세월이 한참 흘러 만주 시절 제자들이 아버지 소식을 물어 물어 아버지를 위해 사은회를 열어 준 일이 있었습니다. 제자 중 한 명이 마침 당시 주일 독일 영사였든가 아무튼 그 덕분에 훈훈한 미담으로 신문에 실리기도 했지요. 초등학교 교사 생활은 정말로 재미없었다는 이야기를 아버지에게 몇 번이나 들었던 터라, '선생은 자기 일을 싫어하면서 가르쳤는데 학생은 고마움을 느낀다'는 역설에 놀랐던 기억이 있습니다.

'어쩌면 선생이 가르치는 동기가 높은 것과 학생이 배우는 것 사이에는 상관관계가 없는 게 아닐까?' 그렇게 생각하기도 했습니다. 물론 전혀 관계가 없는 것은 아닐 겁니다. 하지만 교사가 '어떤 형식'을 갖춰 역할을 연기하기만 하면, 선생이 교육적 동기가 낮거나 열정에 불타지 않더라도 아이들은 배워야 할 것을 그 교사로부터 배우지 않을까요?

〈24개의 눈동자〉라는 영화가 있습니다. 한 작은 섬의 초등학교에 부임한 신참 교사와 열두 제자들의 교감을 그린 명작입니다. 어릴 때 이 영화를 봤을 때는 오오이시 선생님이 훌륭한 선생님이라고 생각했습니다. 이런 선생님 밑에서 배울 수 있다면 얼마나 행복할까 생각했지요. 그런데 몇 년 전에 다시 보고 놀랐습니다. 오오이시 선생님이 너무나 무능한 선생님이었기 때문입니다. 학교를 졸업한 지 얼마 되지 않아 어쩔 수 없다 쳐도, 아무리 그렇다고 해도 일을 정말 못하는 교사였습니다. 무슨 일이 있으면 그냥 허둥지둥거릴 뿐입니다. 학교를 다닐 때도 졸업 후에도 제자들은 인생의 어려움과 곤경에 직면해 선생님에게 의지하려고 도움을 요청하지만, 오오이시 선생님은 아무런 도움이 되지 못합니다. 단지 그냥 함께 울어줄 뿐입니다.

지금이라면 교원 자격증 갱신 때 자격증을 박탈당하지 않을까 싶을 정도로 교육 역량이 없는 선생님입니다만, 아이들은 이 무능한 선생님을 '이상적인 선생님'으로 존경합니다. 그 이야기에 많은 사람들이 공감하여 같은 제목의 책이 베스트셀러가 되고, 수많은 관객들이 영화를 보며 감동의 눈물을 흘렸습니다.

저는 이 현상을 보며 '역시 그렇군' 하고 생각했습니다. 그것으로 충분하다고 말이죠. 교사가 한 사람의 인간으로 어떤 사람인지는 교육이 기능하는 데 별 상관이 없습니다. 문제는 교사와 아이들의 '관계'이고, 그 관계가 성립하기만 하면 아이들은 배워야 할 것을 스스로 배우고, 성숙으로 향하는 길을 스스로 걸어갑니다. 극단적으로 말하자면 교단 위에 누가 서더라도 관계없다는 뜻입니다. 이에 관해 자크 라캉이 명언을 남겼습니다.

"가르친다는 것은 매우 희한합니다. 나는 지금 교탁 이쪽에 서 있습니다만,

이 장소에 서게 되면 적어도 겉으로 보기에는 누구라도 일단은 그 나름의 역할을 할 수 있습니다. 일단은 무지를 이유로 부적격 판정을 받을 교사는 없습니다. 사람은 알고 있는 자의 입장에 서게 되는 동안은 늘 충분히 알고 있습니다. 누군가 가르치는 자의 입장에 서는 한, 그 사람이 도움이 되지 않는 경우는 결코 없습니다."

(자크 라캉, 『가르치는 자에 대한 물음 下』 중)

'사람은 알고 있는 자의 입장에 서게 되는 동안은 늘 충분히 알고 있다', 이만큼 배움의 역동성을 훌륭하게 그려낸 말은 없다고 생각합니다. 문제는 '알고 있는 자의 입장에 선다'는 것입니다. 저는 앞에서 '어떤 형식'이라는 말을 사용했습니다. 교사에게는 '교사의 모양새'라는 것이 있습니다. 그 모양새를 실수하지 않고 연기하면서 선생이 알고 있는 자의 입장에 서 있는 한, 아이들의 배움의 기회는 담보됩니다.

우리 세대가 교육을 받은 때는 다름 아닌 '안 되면 교사라도' 했던 교사가 전성기를 누렸던 시대입니다. 어떻게 이런 사람이 교사가 될 수 있었을까 싶을 정도로 문제가 많은 사람들이 교단에 꽤 있었습니다. 가르칠 마음이 전혀 없는 교사도 있었습니다. 그런데 그렇다고 우리가 공부를 하지 않았느냐 하면 그렇지 않습니다. 우리는 공부를 정말 많이 했고, 그런 선생님에게 다양한 인격적 영향을 받았습니다. 제가 지적으로 성장할 수 있는 기초를 만들어준 사람은 틀림없이 이처럼 '안 되면 교사라도 해볼까' 했던 사람들입니다.

하지만 저는 이 시절의 교사들이 아까 말했던 '교육력'이 높았다고는 생각하지 않습니다. 그러면 1960년대 이후의 교원 양성 정책은 목표 달성에 실패한 것이거나, 아니면 애초에 '교육력 떨어뜨리기'를 목표로 삼은 게 이루어진 것이 될 텐데, 문부성으로는 둘 다 참 딱할 노릇이죠.

문부성은 일관되게 '좋은 교사'를 양성하려고 했습니다. 어떤 교사상을 두고 '좋다'고 하는지에 대해서는 이론異論이 있을지라도, 기본적으로는 좋은 교사를 양성하려 했습니다. 그러나 양성하지 못했습니다. 왜일까요?

1950~60년대 교실에서는 '학급 붕괴' 같은 현상은 일단 없었습니다. 아이들은 대부분 성실하게 수업을 들었습니다. 학력도 운동 능력도 커뮤니케이션 능력도 그 어느 것도 지금 아이들보다 당시 아이들이 총체적으로 높았다고 생각합니다. 당시의 학교생활을 기억하고 있는 분은 대체로 이 판단에 동의할 것입니다. 그러면 무엇이 바뀐 걸까요?

저는 좋은 교사를 키우기만 하면 좋은 교육이 이루어진다는 생각 그 자체가 틀렸다고 생각합니다. '좋은 교사'가 '옳은 교육법'으로 교육하면 아이들은 점점 성숙해진다는 생각이, 인간을 너무 얕게 이해한 거라 생각합니다.

갈등 속에서
성숙하는 인간

앞에서 성숙은 갈등을 통해서 성취된다고 말씀드렸습니다. 아이는 갈등을 겪으며 성숙합니다. 그것 말고 인간이 성숙할 계기는 없습니다. 아이는, 성숙의 롤 모델로 삼아야 할 어른들의 말이 '수미일관하지 않다'는 이유로 갈등을 경험합니다. 아버지가 말하는 것과 엄마가 말하는 것이 다릅니다. 그 부모도 어제 말한 것과 오늘 말한 것이 다릅니다. 부모들과 이웃 어른들이 말하는 것이 다릅니다. 학교 선생님이 말하는 것도 다릅니다. 선생들 또한 한 명 한 명 말하는 것이 다 다릅니다.

가령 부모의 말은 어제와 오늘이 다릅니다. 부모라는 인간 그 자체는 바뀌지 않습니다. 그러므로 어떤 수준에서는 '다르게' 들립니다만 실은 같은 사람이 하는 말이니 좀더 깊은 수준에서 보면 같은 뜻인데 말을 바꾼 것에 불과하다는 걸 알 수 있습니다. 어른이 되면 알 수 있습니다. 어릴 땐 부모의 말이 왜 자주 바뀌는지 이상했는데, 어느 정도 나이를 먹고 보니 부모님은 언제나 똑같은 걸 말했구나 하고 알게 됐습니다. 제가 부모님을 '깊은 수준'까지 이해할 수 있게 됐기 때문입니다. 아이에 대한 부모의 기대와 욕망, 불안과 환멸이 같은 구조 안에서 만들어지거나 사라지는 것을 알면, 부모는 언제나 똑같은 말만 한다는 사실도 알게 됩니다.

학교에 가면 부모와는 다른 말을 하는 선생이 등장합니다. 아이는 보통 선생님이 부모보다 식견이 높다고 생각합니다. 부모가 말하는 것은 아무래도 세속적이고 적나라하지만 선생이 말하는 것은 고고하고 지적으로 들립니다. 아이는 '선생이 낫다'고 생각합니다. 하지만 시간이 지나고 보면 부모도 선생도 결국 똑같이 세속적으로 말한다는 걸 알게 됩니다. 반드시 그 결론에 도달하게 됩니다. 도달하지 않으면 곤란합니다. 왜냐하면 부모나 선생이 똑같은 것을 다른 방식으로 말한 것일 뿐이라는 수준까지 이해가 깊어져야 그만큼 성숙한 어른이기 때문입니다.

그런 식으로 아이는 반드시 어른들이 하는 제각각의 말에서 그 모두가 똑같은 메시지라는 지점에 이르고자 합니다. 반드시. 반항적인 아이일수록 더 그렇죠. "이 사람은 이렇게 말하고, 저 사람은 저렇게 말하는군. 세상은 다양하군!" 하며 달관한 듯 말하는 불량소년은 없습니다. 불량하다면 반드시 "어른들이 말하는 건 다 똑같다"고 합니다. 무조건 그렇습니다. 그렇게 말할 수 있도록 어른들이 자신을 향해서 똑같이 말하고 있는 공통의 메시지를 어떻게든 들으려고 합니다. 그리고 물론 그렇게 들을 수 있는 것은 어른이 아이를 향해서 발신하는 메시지는 결국 하나밖에 없기 때문입니다. "성숙해져라!"

이것밖에 없습니다. 이것이 전부입니다. 그리고 성숙은 표층적으로는 다른 것처럼 들리는 메시지가 사실은 모두 똑같다는 사실을 발견하는 수준에 이르는 것, 바로 그것입니다. 정말입니다.

그럴 리가 없다고 말하는 사람이 있다면 자신의 주장을 입증하기

갈등하게 만드는
사람으로서의 교사

위해서라도 반드시 제가 지금까지 길게 설명한, 어느 부분이 머리고 어느 부분이 꼬리인지 모르는 이 모든 이야기에 대해 '요컨대 우치다가 말하려고 하는 것은 ~에 지나지 않는다'라고 '정리'를 할 겁니다.

"저기서는 A라고 말하고 여기서는 B라고 말하는 우치다의 말은 정말 두서가 없다"라고만 말해서는 '내재적 비판'이 될 수 없습니다. 비판을 완성하기 위해서는 "우치다는 언제 어디서나 똑같은 말을 하고, 그것은 ~이다"라는, 표층적으로는 다르게 들리는 메시지가 실은 동일한 메시지임을 말하지 않으면 안 됩니다. 그런데 보십시오. 이것이 바로 성숙한다는 것입니다. 언제 어디서나 누구에 관해서도 이 과정은 똑같습니다.

자연과학도 똑같습니다. 표층적으로는 무질서하게 보이는 현상이 실은 어느 단일한 법칙에 따라 일어난다는 사실을 논증하는 것이 자연과학입니다. '다르게 나타나는 현상이 사실은 동일한 것들의 다양한 현상에 지나지 않는다'는 것을 말하는 점에서는 아이가 성숙해지는 과정과 똑같습니다.

선생 이야기를 하던 중이었죠. 중고등학교를 졸업하고 대학에 가면 또 선생을 만납니다. 저처럼 나이 먹은 아저씨가 등장하지요. 그리고 지금까지 여러 어른들에게 이야기를 들어왔는데, 그것과는 전혀 다른 말을 합니다. 물론 제가 '전혀 다른 것'으로 들리도록 신경 써서 궁리하기 때문에 '전혀 다른 것'처럼 들리는 것이 당연합니다. 하지만 학생들은 진지하게 생각합니다. 그리고 제가 하는 말을 이해하고 싶어 합니다. 이해한다는 건, 요컨대 기존 지식에 주파수를 맞추는 것이기 때문에 지금까지 20년 동안 만난 모든 어른들이 학생들을 향해서 말한 것과 '똑같은 것'을 저도 또 이야기하는 셈입니다. 그런데 그 이야기를 듣고 학생들은 다시 '무엇인가'라는 물음을 세우게 됩니다. 그것으로 된 겁니다.

  학생들은 어느 날 지금까지 만난 모든 어른들이 말하고 있던 것을 나도 말하고 있다는 이해의 수준에 도달합니다. 어른들 모두가 이구동성으로 아이들과 청년들에게 말하는 메시지는 바로 '성숙하라'니까요. 저 또한 똑같은 메시지를 '전혀 다른 말'로 반복하고 있다는 것을 학생들은 이해합니다. 이를 이해하기 위해서는 실제로 그만큼 성숙하지 않으면 안 됩니다. 성숙하지 않으면 '전혀 다른 것이 실은 똑같은 것'이라는 논리가 이해되지 않기 때문입니다. 저는 제 메시지를 엄청 비틀어서 보이지 않는 곳에 두기 때문에, 그 메시지가 그들이 알고 있는 것과 똑같다는 것을 알아차리려면 좁고 험한 길을 이리저리 돌아다녀야만 합니다. 그 수고로움이 귀찮아 찾지 않거나 "당신이 말하고 싶어 하는 게 뭔지 전부 알았어"라고 말하면 그것으로 게임은 끝입니다. 모르는 것을 안다고 말하거나 그 이상의 노력을 멈췄을 때, 그 사람의 성숙은 끝이 납니다. 계속 성숙하고 싶으면 다른 것이 실은 똑같은 것이라는 사실을 깨달을 때까지 깊은 구멍을 파는 수밖에 없습니다. 이것이 바로 성숙이라는 프로세스의 동적 구조입니다.

  자신이 어떻게 성숙하는지, 왜 성숙하는지를 알려면 지금 성숙하는

갈등하게 만드는
사람으로서의 교사

수밖에 없습니다. 그리고 아이들을 이 역동적인 과정에 물들게 하려면 그들을 깊은 '갈등' 속으로 끌어들일 수밖에 없습니다.

친족의 기본구조와 교육제도

레비스트로스C. Lévi-Strauss는 아이와 어머니, 아버지 그리고 삼촌 또는 이모 이렇게 네 명으로 이루어지는 4항 구조를 '친족의 기본구조'라고 이름 붙였습니다. 이 구조는 근친상간의 금기와 친족 규칙의 발생을 설명하기 위한 모델입니다만, 저는 이것을 성숙 모델 혹은 교육 모델에도 적용할 수 있다고 생각합니다.

사내아이의 성장을 위해서는 부모 세대에 세 명의 어른이 필요합니다. 어머니와 아버지 그리고 삼촌(또는 외삼촌)입니다. 레비스트로스가 인류학적 연구에서 발견한 규칙은 전 세계 모든 사회 집단에서 아버지와 삼촌은 사내아이에게 다른 육아 전략을 구사한다는 것이었습니다. 아버지가 엄격하게 아이를 키우는 사회에서는 삼촌이 아이의 응석을 받아주고, 아버지와 아들이 친밀한 사회에서는 삼촌이 성가실 정도로 까다로운 역할을 맡습니다. 즉, 아버지와 삼촌은 상호보완적으로 기능합니다.

사내아이는 두 명의 동성 어른, 사회적 위치에서 동격인 어른, 즉 성숙의 롤 모델이 될 두 명의 어른에게서 '다른 것'을 배웁니다. 보통 한

쪽은 대세에 순응해서 다수가 취하는 행동을 흉내 내며 모난 돌이 되지 않기를 가르칩니다. 그리고 다른 한쪽은 고립을 두려워하지 말고 자신의 생각을 꺾지 말고 성취하라고 가르칩니다. '약자의 생존전략'과 '강자의 생존전략'이라고 바꿔서 말해도 되고, '살아남기 전략'과 '이겨서 살아남는 전략'이라고 말해도 좋습니다.

　어느 한쪽이 더 낫다는 이야기가 아닙니다. 인간이 사회적으로 살기 위해서는 각각의 전략을 편의상 나누어 사용할 필요가 있기 때문입니다. 어쨌든 아이는 그렇게 두 명의 동성 연장자에게 인생을 살아가는 다른 방식을 제시받습니다. 그 구조적 갈등 안에서 성장합니다. 아마도 삼촌이 제대로 기능하는 사회에서는 학교와 교사는 필요 없으리라 생각합니다. 하지만 우리 시대는 이미 친족의 기본 구조, 그 자체가 해체되어 버렸습니다. 모든 여성에게 배우자를 확실하게 배당해온 친족 조직도 붕괴했기 때문에, 여자아이에게도 '성숙 전략'이 필요합니다. 이젠 삼촌, 혹은 여아의 경우에는 이모가 하던 역할을 사회적 제도가 대행할 수밖에 없습니다. 부모의 육아 전략과는 다른 전략을 아이들에게 들이대는, 부모와 같은 정도의 사회적 위신을 가진 사람이 필요하게 되었고, 그래서 교사라는 어른이 필요하게 된 것입니다. 저는 교육제도를 이런 인류학적 흐름에서 이해하면 어떨까 생각합니다.

다양한 유형의 교사가
필요한 까닭

제가 '좋은 선생'이라는 조건을 실증적으로 규정할 수 없다고 생각하는 것은 그 때문입니다. 아이에게 필요한 사람은 요컨대 부모의 육아 전략과 다른 방식으로 아이를 갈등하게 만드는 사람이기 때문에 하나의 유형으로 정리할 수가 없습니다.

아이를 과보호하며 키우는 부모와 갈등하게 만들기 위해서는 '아이는 그냥 놔두면 된다'고 생각하는 선생이 필요합니다. 반대로 아이를 방임하며 기본적인 돌봄조차 하지 않는 부모와 갈등하게 하려면 '아이에게는 지대한 관심과 지원이 필요하다'고 생각하는 선생이 필요합니다. 아이를 경쟁에서 살아남게 하고 상위 계층에 오르게 하려는 부모와 갈등하게 하려면 '인간의 가치는 돈과 지위로 잴 수 없다'고 믿는 선생이 좋습니다. 여러 유형의 부모가 있듯이 여러 유형의 선생이 있습니다. 아이 한 명 한 명에게 '부모의 대립항'이 되어야 하는 아저씨, 아주머니의 유형이 전부 다르기 때문입니다. '이상적인 교사상'이라는 담론에 기초하여 교사를 단일한 이미지로 한정 지으려고 하는 것은 완전히 난센스입니다.

성숙을 위한 이상적인 학교는 다양한 '별종의 메시지'가 난무하는 곳입니다. 다양하다고 말은 해도 그렇게 다종다양할 필요는 없습니다. 앞에서 '학교제도는 타성이 강하다'라는 말을 했습니다만 실은 교사도 몇 가지 유형으로 한정됩니다.

나쓰메 소세키의 『도련님』에는 마츠야마 중학교 선생님들에 대한 생생한 묘사가 나옵니다. 너구리 교장, 빨간 셔츠 교감, 알랑쇠 미술선생, 끝물호박 영어선생, 멧돼지 수학선생 그리고 유아적인 도련님.

나쓰메 소세키는 여러 학교의 교사들을 관찰해서 교사라는 건 대략 이런 유형으로 나눌 수 있다고 판단했을 겁니다. 빨간 셔츠 교감은 소세키 자신의 네거티브한 자화상이라고 일컬어집니다(도쿄제국대학 출신으로 서양 책을 읽고 서양에 비해 일본은 안 된다고 탄식하는 교사는 마츠야마에 소세키밖에 없었습니다). 빨간 셔츠 교감뿐만 아니라 너구리 교장 이하 전원이 소세키의 또 다른 자아가 아닌가 하는 가설도 성립됩니다.

존 쿠삭이 주연한 〈아이덴티티〉라는 영화는 다중인격을 구성하는 열 명의 인격이 각각 하나의 인물이 되어, 시외 한 모텔에서 하룻밤을 보내며 서로 죽이기 시작한다는 흥미로운 설정의 이야기입니다. 어쩌면 도련님이 빨간 셔츠 교감과 멧돼지 수학선생에게 천벌을 내리는 『도련님』의 설정은 이 영화의 영감이 되었을지도 모릅니다. 확실히 나쓰메 소세키 안에는 도련님 같은 유아적인 성격이 있고, 빨간 셔츠 교감 같은 속물 근성, 끝물호박 영어선생 같은 편집증, 멧돼지 수학선생 같은 욕정, 너구리 교장 같은 처세술, 알랑쇠 미술선생 같은 유약함이 있습니다.

그래서 이 여섯 가지 유형 정도면 학교에 필요한 교사의 유형은 모두 충족되지 않나 하는 느낌이 듭니다. 현재 『도련님』이래 『24개의 눈동자』와 『푸른 산맥』, 『킨바츠金八 선생』과 『고쿠센』에 이르기까지 학교를 무대로 한 이야기는 많이 만들어졌습니다만, 거기에 등장하는 교사 유형이 『도련님』에 나온 여섯 유형을 넘은 적은 거의 없었던 것 같습니다. 조정자 역할의 우유부단한 교장, 야심 많고 음모가인 교감, 교육적 정열을 잃어버린 교사, 정의감 강한 주인공과 이를 보이지 않는 곳에서 지원하는 소심한 동료…. 어떤 학교든 이런 유형의 교사들만 있으면 충분했다는 것입니다.

이렇게 나쓰메 소세키가 자신의 또 다른 자아로서 여섯 가지 유형을 나눈 것처럼, 교사는 너구리 교장에서 끝물호박 영어선생까지 다양한 교사의 모습을 아이들 앞에 나누어 보여줄 수 있는 존재가 아닌가 싶습니다. 제 자신을 돌아보면서 어쩐지 할 수 있을 것 같은 생각이 듭니다. 아니, 할 수 있을 것 같은 느낌이 든다기보다 이미 무의식적으로 그렇게 해온 것은 아닐까 싶습니다. 때때로 '도련님'이 되어서 비분강개하거나 '너구리'가 되어서 음흉하게 웃거나, '빨간 셔츠 교감'이 되어 라캉이나 레비스트로스 같은 서양 학자의 이름을 들먹이면서 말이죠.

7

춤춰라,
계속 춤춰라

배우는 방법은 지금 배우고 있는
사람에게서만 배울 수 있습니다.
가르치는 입장에 있는 사람이 지금 이 순간도
계속 배우고 있는 배움의 당사자가 아니라면
아이들은 배우는 법을 배울 수 없습니다.

배움을 시스템으로
만들 수 있을까

—   사제관계를 시스템으로 매뉴얼화 할 수 있을까요? 저는 무리라고 생각합니다. 왜 그런지 그 원리부터 이야기하도록 하죠.

우리는 흔히 '어떻게 하면 학생들을 배움의 운동 속으로 끌어들일 수 있을까?' 생각합니다. 만약 교사가 끌어들이는 주체이고, 아이들이 거기에 물들어가는 혹은 끌려 들어가는 대상이라는 2항 관계로 포착한다면 이는 문제 설정 자체가 이미 잘못된 게 아닌가 생각합니다.

배움의 프로세스 안에 사람이 끌려 들어간다는 것은 어딘가에 '끌어들이기'를 기획하거나 설계하거나 조작하는 주체가 있기 때문이 아닙니다. 배움의 과정에서 사람을 조작적으로 배움에 끌어들이는 주체는 존재하지 않습니다. 이것을 제일 먼저 확실히 해두기로 하죠.

교사는 학생을 응시해서는 안 된다거나 학생을 조작하려고 해서는 안 된다는 게 아니라, 교사 자신이 배움이 무엇인지를 몸으로 보여주는 길밖에 없다고 생각합니다. 배우는 방법은 지금 배우고 있는 사람에게서만 배울 수 있습니다. 가르치는 입장에 있는 사람이 지금 이 순간도 계속 배우고 있는 배움의 당사자가 아니면 아이들은 배우는 법을 배울 수 없습니다. 이것은 '조작하는 주체'와 '조작당하는 대상'이라는 2항 관계와는 아주 다르다고 생각합니다. 앞에서 라캉의 말을 인용하며 교사가 교사로서 기능하는 것은 교단에 서 있기 때문이라고 말씀드렸습니다. "사람은 알고 있는 자의 입장에 서 있는 동안은 늘 충분히 알고 있다. 가르치는 자의 입장에 서는 한 그 사람이 도움이 되지 않는 일은 결코 없다", 라캉은 그렇게 말했습니다. 교단에 선다는 것은 그 자체가 '나는 교육의 유효성을 믿는다'고 신앙고백을 하는 것입니다.

저 또한 과거에는 교단 '저쪽'에 앉아서 스승의 말을 받아 적고 있었습니다. 지금은 교단 '이쪽'에 서서 제 말을 받아 적게 하고 있습니다. 제가 이런 입장이 된 것은 '교단을 사이에 두고 성립하는 관계'를 믿었기 때문입니다. 이 관계를 믿는 사람은 언젠가 교단의 '이쪽'에 설 수 있습니다. 교사는 교단에 서 있는 것만으로 이미 무언중에 이것을 이야기하고 있는 셈입니다. 아무 말, 아무것도 하지 않아도 "나는 교단을 사이에 두고 이루어지는 지知의 운동을 믿는다"는 신앙고백을, 교사는 교단의 이쪽에 서는 것을 통해서 이미 마쳤습니다.

그것은 말을 바꾸면 "내가 과거에는 스승의 제자였다"고 고백하는 것입니다. 교단을 사이에 두고 이루어지는 지성의 운동을 믿는다는 것은 그런 것입니다. "나에게 스승이 있었다" 바로 이것이 교사가 고백해야 할 최초의 말이자 최후의 말입니다. 그러므로 배움의 장은 본질적으로 3항 관계입니다. 스승과 제자 그리고 그 장에 없는 스승의 스승. 그 3자가 없으면 배움은 성립하지 않습니다. 교육에서 배움을 위한 시스템 구축을 논할 때 우리가 놓치는 것은 교육의 장에 없는 '스승의 스승'입니다. 그리고 이 교육의 장에 없는 스승의 스승이야말로 배움을 부활시키는 열쇠입니다.

"나는 이렇게 들었다"라는 어법의 힘

— "본받았지, 짓지 않았고述而不作, 옛것을 믿고 좋아했다信而好古"는 『논어』「술이편」에 있는 말입니다. '본받았지 짓지 않았다'는 말은 "내가 가르치고 있는 것은 나의 오리지널이 아니다. 나는 선현의 가르침을 되풀이하는 것에 지나지 않는다"는 뜻입니다. "지금부터 내가 말하는 것은 내가 선인으로부터 들은 이야기입니다"가 가르치는 자가 그 가르침에서 가장 먼저 입에 담아야 할 말이라고 공자는 우리에게 가르칩니다.

공자는 아시는 바와 같이 춘추전국시대의 노나라 사람입니다. 공자가 덕치德治의 이상으로 생각했던 것은 주공단周公旦의 정치였습니다. 주공이 노나라를 통합했던 것은 공자가 살아 있던 시대보다도 오백 년 전의 일입니다.

공자가 유세길에 오르면서 주공의 정치를 칭송하였을 때, 노나라 사람들은 주공의 일을 거의 기억하지 못하고 민간에서 구두로 전해오는 이야기가 남아 있는 정도였습니다. 공자는 이처럼 거의 잊혀진 정치적 전통의 계승자라는 입장에 서서 정치 이론을 설파했습니다. '과거에는 훌륭한 정치가 존재했는데 그것이 사라졌다, 우리는 그것을 다시 한 번 구축하지 않으면 안 된다' 공자는 그런 화법으로 제자들에게 정치를 이야기하였습니다. 그리고 그 공자의 가르침 또한 '공자 왈'이라는 형태로 제자가 듣고 받아 적은 것으로 전해지고 있지요.

이것이 모든 가르침의 기본입니다. 모든 중요한 가르침은 그 오리지널은 이미 소실되었지만 들은 기억은 남아 있기 때문에 그것을 조술祖述한다는 형태를 취합니다.

여시아문如是我聞(불경 첫머리에 쓰이는 말로, '나는 이렇게 들었다'라는 뜻_역자주)으로 시작하는 불교의 경전이 그렇고 기독교의 복음서도 그렇습니다. 유대교의 탈무드도 이슬람교의 코란도 그렇습니다. 교주가 직접 손으로 쓴 오리지널이 성전인 종교는 없고, 가르침의 중심이 되는 인물은 그 사람 자신이 신이 아니라 신으로부터 말을 위탁받은 사람입니다. 공자가 "본받았지 짓지 않았다"라고 말한 것은, 나는 예언자일 뿐 내 말의 기원은 내 속에 없다는 것을 의미합니다.

하지만 실제로 이것은 공자의 오리지널입니다. 실은 조술자가 '조술'이라는 형태로 그 기원을 창조한 것입니다. 하지만 '내가 창조자'라고 이름을 내걸진 않습니다. 그렇게 하면 가르침이 효과적으로 퍼지지 않는다는 것을 조술자는 알고 있기 때문입니다. 희한한 일입니다만 "나 자신이 내가 말하고 있는 말의 기원이다"라고 말하면 신뢰를 얻지 못하고, "나의 말은 '선현이 전한 말'을 반복하는 것에 지나지 않는다"라고 말하면 신뢰를 얻습니다.

"아주 먼 과거에 '기원'이 존재한다, 그리고 시간이 흘러서 훨씬 퇴락한 상태에 우리는 있다, 하지만 우리는 과거에 '황금시대'를 누린 적이 있다, 나는 그 기원의 기억을 남기는 최후의 이야기꾼이다, 우리는 그 기원으로 돌아가지 않으면 안 된다, 거기에 이르는 길을 나는 알고 있다" 바로 이것이 조술자가 하는 말입니다.

교주는 실제로 사람들 앞에서 '기적'을 보여줘야 합니다. 아마도 전 세계 여러 종교의 교주들은 정말로 평범을 뛰어넘는 현상을 보여줬을 것입니다. 그렇지 않으면 사람들이 모이지 않습니다. 그런데 일단 '평범과 보통을 뛰어넘은 현상'이라고 믿는 사람이 일정 수 확보되지 않으면 거기서부터는 조술자가 나서야 합니다.

자기가 교주라고 말했다면 "그렇다면 기적을 보여줘"라는 말을 들었을 때 "안 됩니다"라고 할 수는 없는 노릇입니다. "오늘은 감기 기운이 좀 있어서"라는 변명이 통하지 않습니다. 하지만 조술자라면 기적을 일으킬 필요가 없습니다. "나는 스승의 위대한 기적을 전할 뿐입니다"라고 애처롭게 말하는 것만으로 충분한 것입니다. "스승은 돌을 빵으로 바꾸었다. 생선 두 마리로 모든 사람이 배불리 먹게 했다. 죽고 나서 사흘 만에 부활했다"라고 먼 곳을 바라보며 말만 하면 됩니다. 조술자가 "저로서는 그런 일은 불가능합니다"라고 말할수록 스승의 위대함은 더 커집니다. 역으로 "그 기적을 행한 것은 접니다" 하면 곧바로 증거를 보여줄 책임이 발생합니다.

공자가 말하는 '주공단의 덕치'의 반 이상은 공자가 지어낸 이야기일 겁니다. 공자도 본 적 없는, '그런 식의 정치체제가 있으면 좋겠다'는 바람이 "과거에는 그런 정치체제가 존재했었다"라는 단정으로 모양새를 바꾼 것이지요. 사라져버린 황금시대를 회고하듯 말하면 "과거에 한 번 존재했었다면 한 번 더 재건하는 것도 가능하다"라는 수행적인 명제로 전환할 수 있습니다. 그런데 "지상에 한 번도 존재하지 않았던 이상적인 정치체제를 만듭시다"라고 말하면 어떨까요? 한 번도 존재하지 않았던 제도라고 말하는 것만으로도 사람들은 보통 '무리일 것 같다'고 생각합니다. '인간의 능력을 넘어서는 것 아닌가?' '애당초 인간이 이루기 힘들지 않을까?'라는 회의가 들게 마련입니다. 그래서 과거에 한 번도 존재하지 않은 것을 진심으로 실현하고 싶은 사람은 반드시 "과거에는 존재했는데 우리가 타락해서 사라졌다"라는 화법을 채용합니다. 반드시 채용합니다. 제도개혁을 꿈꾸는 사람이라면 이 논리를 사용하지 않는 사람은 없을 겁니다. 인간의 성취도는 그 과제가 한 번 실현된 적이 있는지 아닌지에 따라 크게 달라지기 때문입니다.

2차 세계대전 당시, 원자폭탄 제조를 위한 '맨해튼 계획'을 알고 계십니까? 핵무기 개발은 미국이 한 발 앞서 나갔습니다만, 독일에서도 동시에 진행되고 있었는데 그때 미국이 극비로 한 건 원폭 제조 '공정'이 아닌 제조 '가능하다'는 사실이었습니다. 맨해튼 계획에 참가한 사람들은 '미국이 만들 수 있다면 우리도 만들 수 있다'는 믿음이 독일 사람들의 성취욕을 고취시킬 거라는 사실을 알고 그 사실을 비밀에 붙였던 것입니다.

'기원'이라는 신화

학교도 원리적으로는 교회와 같습니다. 교사는 '교주'일 필요가 없습니다. '조술자'면 됩니다. 아니 조술자여야 합니다.

교사는 교단의 이쪽에 서 있는 한 늘 뭔가를 가르칠 수 있습니다. 교사는 기나긴, 언제 시작된지도 모르는, 어쩌면 인류의 역사만큼 오랜 기원을 가진 학교라는 배움터의 최후 승계자로서 지금 교단에 서 있다는 이야기의 등장인물이기 때문입니다.

교사가 말해야 하는 것은 하나뿐입니다. 공자가 했던 것처럼 먼 곳을 바라보면서 "과거 배움터가 훌륭하게 기능한 시대가 있었다"라고 말하는 겁니다. 교사가 많은 존경을 받고 아이들이 눈을 반짝이면서 지적인 흥분에 전율하던 시대가 과거에 있었다고, 지금은 사라진 그것을 재구축하지 않으면 안 된다고 말해야 합니다. 학교라는 제도가 지금 제대로 기능하지 않아도 그것이 교사의 권위를 훼손시키지 않습니다. 아니 지금 제대로 기능하지 않는다는 그 사실 때문에 "과거에는 학교가 배움의 기쁨으로 넘치는 황금시대가 존재하였다"라는 말이 한층 절실한 울림으로 다가오게 됩니다.

분명히 말씀드릴 수 있습니다만, 학교는 한 번도 제대로 기능한 적이 없었습니다. 저는 지금까지 1950~60년대 학교는 지금보다 훨씬 제대로 기능했고, 그 무렵의 교사는 교사다웠고 아이들은 배울 의욕으로 가득 찼다고 거듭 말해왔습니다만, '거짓말'까지는 아니더라도 그 말의 절반은 과장입니다. 그런 일이 있을 리가 없죠.

1950~60년대 학교도 그 시대의 고유한 문제를 많이 안고 있었습니다. 체벌이 있었고 학생을 편애하는 교사도 있었고 물론 이지메도 있었습니다. 학생 쪽에서 봐도 '이래도 될까' 싶은, 수준 낮은 교사나 매너 나쁜 교사가 있었습니다. 저는 중학생까지 그럭저럭 우등생의 삶을 살았기 때문에 체벌을 받는 경우가 적었지만, 복도를 걸어가다가 가슴에 단 명찰이 조금 비뚤어졌다는 이유만으로 따귀를 맞은 적이 있습니다. 또 교사가 장난 친 사람을 혼동하여 안색을 바꿔서 갑자기 저를 때리는 바람에 이유도 모르는 체벌을 당한 적도 있습니다. 그 기억은 깊은 상처가 되어 지금도 남아 있습니다. 하지만 희한하게도 그로부터 3,40년이 지나 대개의 사람들은 그 무렵의 학교가 이상적인 장소였다는 생각을 하기 시작합니다. 이지메를 당하거나 교사에게 맞거나 입시 공부만 강요하는 학교에 진절머리가 났던 저도 그렇게 생각하고 있습니다. 저는 고등학교를 중퇴했는데, 학교에 가는 것이 싫어서 중퇴한 사람이 '1960년대 고등학교에는 자유가 있었다'는 식으로, 꿈꾸듯 회상하고 있습니다.

어느 쪽이 진짜일까요? 그 어느 쪽도 진짜입니다. 현실에선 학교에 질렸지만 회상할 때는 미화하는 식으로 기억을 위조하는 것 자체가 '이치에 맞는 것'이라고 생각하는 편이 낫습니다. '지금은 엉망이지만 과거에는 괜찮았다'는 식으로 생각하는 편이, 옛날에도 엉망이었고 지금도 엉망이라는 인식 방식보다 교육에 관련된 사람들의 모럴을 유지하는 데는 유효하기 때문입니다.

우리는 경험으로 모두 알고 있습니다. 저는 지금까지 '1958~59년은 일본의 황금시대'라고 여기저기에 썼습니다. 물론 이것도 반은 과장된 말입니다. 그런 말을 하기 시작한 건 '그 시절의 일본'을 실제로 본 적 없는 사람이 국민의 과반수에 이를 무렵부터입니다. 그때를 살지 않은 사람이 대화 상대면 자기 하고 싶은 대로 말하는 거죠.

"그 무렵의 일본은 정말 좋았다"고 열을 내며 말하면, 듣는 쪽은 '아 그랬구나' 합니다. '그런 좋은 시절이 한 번은 있었구나' 하고, '이 엉망인 세상도 아직 희망이 없는 건 아니구나' 하고 생각합니다. 한 번은 '좋은 시절'을 만들었으니 다시 한 번 또 못할 리가 없다고.

필요한 것은 '그래야 할 사회'에 대한 '정확한 정보'가 아닙니다(그래야 할 사회에 대한 정말로 정확한 정보는 '그런 사회는 과거에 존재한 적도 없고 앞으로도 존재하지 않는다'입니다). 정말 필요한 것은 '그래야 할 사회'를 구축할 마음이 우리에게 생기는 것 아닐까요. 정확한 정보를 제공해서 인간이 이 세상을 조금이라도 나아지게 만들려는 노력에 찬물을 끼얹게 된다면 '옳은 정보' 따위는 돼지에게 줘버리라고 말하고 싶습니다. 적어도 저는 그렇게 생각합니다.

배움도 마찬가지입니다. "배워야 하는 것, 배워 마땅한 것이 배움 전에 있는지 없는지 그 증거를 미리 찾아서 모두 제시하라'는 말을 받아들이면 배움은 기동하지 않습니다. 마치 여시아문如是我聞 하면서 불경을 읽는 승려에게 "당신, 정말로 부처를 만나서 그런 말을 들었나요?" 하며 으름장을 놓는 것과 같습니다. 과학 시간에 "블랙홀도 소립자도 나는 본 적이 없다. 나를 믿게 하고 싶으면 여기에 그것을 가져와봐"라며 씩씩거리는 중학생과 같습니다.

"당신, 정말 봤어?"라고 반문하는 경우가 자주 있지만, 그에 대해서 "보진 않았지만 나는 믿는다"는 사뭇 비장한 결단으로 응할 수밖에 없습니다.

'스승의 스승'이 하는 역할

교사가 교사로서 전하지 않으면 안 되는 것은 단 하나입니다.

"제게는 스승이 있습니다. 제가 여기서 여러분에게 전하는 것은 제가 스승에게서 전해 받은 것의 일부분에 지나지 않습니다. 스승은 제가 지금 갖고 있는 지식의 몇 배, 몇십 배의 지식을 갖고 있었습니다. 나는 그분으로부터 제가 갖고 있는 볼품없는 그릇에 담은, 불과 얼마 되지 않는 지식을 여러분에게 전하기 위해 여기에 있습니다."

이것으로 충분합니다. 스승에 대한 외경의 마음, 그에 비해 볼품없는 자신, 그것을 청자에게 이해시키면 그것만으로도 이미 교육은 충분히 기능합니다. 그것은 "지금 우리가 있는 이곳은 진정한 배움터의 퇴락한 형태에 지나지 않는다"고 고백하는 것입니다.

교사는 이곳이 겉으로 봐선 진정한 배움의 장과 비슷할지 모르지만 그 위대함과 빛남은 전혀 따라잡을 수 없다는, 겸손과 존경을 겸비한 태도를 가져야만 합니다. 물론 그렇다고 해서 대놓고 "여기는 멀었다. 나는 바보다. 그러니 바보에게 배우는 너희들도 바보다" 같은 말을 할 필요는 없습니다. 아니 그런 말을 하는 것은 교육적으로 유해하고 무익합니다. 그게 아니라 마음 저 깊은 데서부터 진정한 배움의 장을 희구하지만, 내가 구축하고 있는 이 배움의 장은 아직 완전함과는 거리가 멀다, 그것을 나는 안타깝게 생각한다고 믿는 것, 그것만으로 충분합니다.

레비나스는 탈무드 위로 몸을 굽히고 성구^{聖句} 주해에 관해 끝없는 문답을 이어가는 스승과 제자의 모습에서, 시나이산에서 율법이 새겨진 석판 앞 모세와 신의 대면이 겹쳐지는 듯하다고 말했습니다.

"하나의 정신이 자신의 외부에 있는 다른 정신과 만나는 데에 사용할 수 있는 유일한 도구, 그것이 '지^{知}'이다. 모세가 신과 얼굴을 마주하고 말했다는 전승은 제자와 스승 두 사람 모두 탈무드의 가르침에 몸을 굽히고 연구하고 있는 모습을 의미한다고 현자들은 전한다."

이것은 전통적인 탈무드 학원의 풍경이기도 하고 레비나스 자신이 파리에서 슈샤니Shushani에게 탈무드 주해를 배웠을 때의 실제 풍경이기도 합니다. "그 관계는 예언자와 신의 대면의 반복이라고 현자들은 전하고 있다"처럼 동일한 관계가 반복되고 있다고, 또 그렇게 전해지고 있다는 식으로 이중의 벽이 '기원'에 닿는 것을 방해하고 있습니다.

'기원에 직접 닿을 수는 없다, 하지만 기원을 흉내 낼 수는 있다, 스승과 제자의 모습을 신과 모세의 모습에 접근시키려는 무한의 노력은 할 수 있다. 이중의 벽은 이 노력을 시들게 하는 것이 아니라 오히려 심지를 돋워 기원에 이르고자 하는 욕망을 부활시킨다' 이것이 배움 구조의 원형이라고 말씀드려도 좋을 듯 싶습니다. 기원이 멀면 멀수록 배움의 욕구는 활성화됩니다.

자크 라캉은 1960년대 프랑스에서 분석가로서뿐만 아니라 '스승'으로 실로 많은 사람들의 존경을 받았습니다만, 라캉이 수행한 것은 모두 '프로이드의 주해'였습니다. "프로이드로 돌아가라"고 라캉은 반복해서 말했습니다. 모든 것은 거기에 이미 쓰여 있고 나는 그것을 조술할 뿐이라고.

레비나스도 똑같습니다. 사물과 현상을 생각하는 기술을 나는 스승이라 부를 수 있는 단 한 사람에게 배웠다고. 슈샤니를 만날 때까지 레비나스는 어떤 의미에서는 '철학의 규칙' 안에 있는 사람이었습니다만 스승을 만나면서 크게 일탈합니다. 그때까지 유럽의 어떤 철학자도 사용하지 않았던 대담한 용어와 대담한 기술 형식으로 그때까지 어느 철학자도 말하지 않았던 것을 쓰기 시작합니다. 불가사의한 이야기입니다만 레비나스가 '레비나스 철학'을 말하는 사람이 되기 위해서는 스승을 만날 필요가 있었습니다. 하지만 레비나스가 그 스승에게 배운 것은 철학이 아니라 유대교의 경전인 탈무드, 그것도 '아카다'라 불리는 어떤 영역에 관한 해석 방식뿐이었습니다. 즉 레비나스의 지적 가능성을 개화시킨 것은, 스승에게 받은 가르침이 아니라 '스승을 가졌다'는 사실 그 자체였던 겁니다.

배움을 통해 배우는 자를 성숙시키는 것은 스승에게 가르침을 받은 지적 콘텐츠가 아니라, '나에게 스승이 있다'는 사실 그 자체입니다. 내 외부에 나를 훨씬 초월한 지적 경위가 존재한다고 믿음으로써 사람은 자신의 지적 한계를 넘어섭니다. 배움은 바로 이 돌파를 의미합니다.

돌파는 자신이 설정한 한계를 넘는 것입니다. 다시 말합니다. '자신이 설정한' 한계를 넘는 것입니다. 한계는 많은 사람이 믿고 있는 것처럼 나의 외부에 있어서 나의 자유와 잠재적 가능성의 발현을 막고 있는 것이 아닙니다. 한계를 만들고 있는 것은 우리 자신입니다. '이런 일은 나는 할 수 없다'는 자기평가가 우리 자신의 한계를 결정합니다. 이런 자기평가는 겸손한 것처럼 보이지만 실은 '자기평가의 객관성'을 꽤 높게 설정하는 겁니다. 자신이 자신을 보는 눈은 타인이 자신을 보는 눈보다 훨씬 정확하다고 전제하는 사람만이 "나는 그런 일을 할 수 없다"고 말합니다. 하지만 도대체 무엇을 근거로 "나의 자기평가가 당신의 외부평가보다 엄정하다"고 말할 수 있을까요. 이 또한 일종의 '자만심'이 틀림없습니다. 본인에게는 '자만심'이라고 자각되지 않을 뿐, 한층 더 질이 나쁠 수도 있습니다.

돌파는 "자네라면 할 수 있어"라는 스승의 외부평가를 '나는 할 수 없다'는 자기평가보다도 위에 두는 겁니다. 그것이 자신이 설정한 한계를 무너뜨리는 것입니다. 나의 한계를 결정하는 것은 타자라고 단단히 각오하는 것입니다.

타자가 나의 한계를 정한다! 마치 손오공의 머리에 두른 머리띠의 기능과 비슷합니다. 머리띠에 끼워져 있는 덕분에 손오공은 삼장법사가 안 된다고 할 때까지 자신의 능력을 무제한으로 발휘합니다. 그래서 자신이 스스로의 한계에 대해 생각할 필요가 없지요. 너무 지나치면 '스승'이 멈출 때를 가르쳐줍니다. 실제로는 다른 사람이 정해주는 '멈출 때' 같은 건 없습니다. 하지만 그것이 있다고 상정하면 인간의 성취도는 폭발적으로 향상됩니다.

고전에서 우리는 무엇을 배우는가

스승이 교단에서 하는 말은 동서고금 어디서나 똑같습니다. '고전에서 배우라'고 합니다. 그게 다입니다. 그렇게 말하는 것만으로 충분합니다. 스승이 고전에 깊이 통달할 필요도 없습니다.

서유기에 등장하는 삼장법사는 교리에 통달한 고승이 아닙니다. 하지만 누구보다 '고전'에서 배우기를 갈망하는 사람입니다. 기원으로 돌아가는 것의 중요성을 통감했기 때문입니다. 그래서 그는 스승이 될 자격이 있습니다. 기원으로 돌아가 고전에서 배우는 일이 필요하다고 생각하면, 그 사람은 이미 스승으로서 기능하기 시작합니다. 실제로 삼장법사는 '악동'들을 성숙의 여정으로 제대로 안내합니다.

에도시대, 메이지 초기까지 일본의 아이들은 『사서오경』을 소리 내어 읽는 것으로 학문을 시작했습니다. 『대학』, 『중용』, 『논어』, 『맹자』, 『역경』, 『서경』, 『예기』, 『춘추좌씨전』은 중국 과거시험에 나오는 지식인의 기초 교양입니다. 세속에서 말하는 실용성이나 공리성으로 따지면 그 콘텐츠의 가치는 제로입니다. 그런 걸 일본의 시골 아이가 암기한들 실제로 살아가는 데 필요한 실용적인 지식이나 기술을 익힐 수는 없습니다. 그럼에도 그것을 소리 내어 읽게 했습니다. 소리 내어 읽기는 '어구의 의미를 몰라도 되니 어쨌든 음독해서 암기하라'는 것입니다.

타마키 분노신玉木文之進은 밭일을 하러 나가며 어린 조카 요시다 쇼인吉田松陰을 논두렁길에 두고, 한 이랑 일구고 돌아올 때까지 정해준 분량을 암기하게 하는 식으로 가르쳤다고 합니다. 외우지 않으면 때리기까지 했던 모양입니다. 그런 공부법은 실은 오래된 방법입니다. 긴 세월 존재해왔다는 건, 실제로 교육적으로 유효했기 때문이겠지요. '고전으로 돌아가라, 필요한 것은 모두 거기에 이미 쓰여 있다'는 믿음을 새기게 하는 것이 목적이니, 그것으로 됐습니다.

자신이 현재 경험적으로 숙지하고 있는 세계, 리얼한 세계, 사람들이 아득바득 일하고 사랑하고 미워하고 태어나고 죽는 세계가 여기에 있습니다. 그것과는 다른 경위로 외부가 존재하고, 거기에 영원한 예지叡智가 있지요. 자신이 있는 세계와는 다른 곳에 예지의 경위가 있다는 것을 실감하기만 하면 배움이 일어나기 시작하고, 그 다음은 스스로 배웁니다.

거듭 말합니다만 인간은 자신이 배우고 싶은 것만 배웁니다. 자신이 배울 수 있는 것만 배웁니다. 또 자신이 배우고 싶다고 생각했을 때만 배웁니다. 그러므로 교사의 일은 배움이 일어나게 하는 것, 그뿐입니다. '외부의 지'에 대한 욕망을 기동시키는 것, 그뿐입니다. 그리고 그것을 위해서는 교사 자신이 '외부의 지'에 대한 격한 욕망에 불타올라야 합니다.

타마키의 교육이 성공한 것은 외우지 않으면 두들겨 팼기 때문입니다. 어린 조카에게 소리 내어 읽기를 시키고 외우지 않으면 두들겨 팬다. 그것은 타마키 자신이 고전의 예지를 마음 깊숙한 데서부터 믿을 때 가능합니다. 고전을 이해하려는 격한 욕망, 그것이 나의 외부에 있는 예지에 이르는 유일한 통로라고 믿지 않으면 할 수 없습니다. 어린 조카를 천하에 꼭 필요한 인물로 만들어야겠다는 교육적 책무를 맡은 이가 확신을 갖고 선택한 교육 방법이 고전 소리 내어 읽기였습니다. 그것은 요컨대 '외부를 욕망하라'는 메시지에 다름 아닙니다.

계속 춤을
추는 거야!

―――― 나의 외부에 있는 예지의 경위를 믿는 것, 그것이 배움의 계기라고 말씀드렸습니다. 배움은 기원에 대해 늦었음을 아는 감각을 의미합니다.

'정신을 차려 보니 이미 게임은 시작되었고, 자신은 그 게임에 플레이어로 참가하고 있다. 게임의 룰이 어떤 것인지 자신의 역할은 무엇인지에 대한 예비 설명은 아무것도 없다. 하지만 게임은 아랑곳하지 않고 계속 진행된다. 어떤 플레이를 하면 좋을지 모르겠지만 적절한 플레이를 하지 않으면 안 된다. 부적절한 플레이를 하면 어떤 일이 생길지, 어떤 불이익이 있을지, 그것조차 가르쳐주지 않는다. 일단 적절하게 플레이를 하는 한 게임은 계속된다', 이 상황을 매우 문학적으로 기술한 문장이 있습니다.

"당신도 가능한 일을 하지 않으면 안 돼. 꼼짝 않고 앉아서 뭔가를 생각하는 것만으로는 안 돼. 그래 봤자 아무 데도 갈 수 없어. 알았어?"
"안다고." 나는 말했다. "그래서 나는 도대체 어떻게 하면 좋은 거야?"
"춤추는 거야." 요우남ヰ男은 말했다.
"음악이 울리고 있을 동안은 어쨌든 계속 춤추는 거야. 내가 말하는 것을 알겠어? 춤추는 거야. 계속 춤추는 거. 왜 춤을 춰야 하는지 생각하면 안 돼. 의미 같은 건 생각하면 안 돼. 의미 따윈 원래부터 없는 거야. 그런 걸 생각하면 발이 멈춰. 한 번 발이 멈추면 나는 아무것도 해줄 수 없게 돼."

(무라카미 하루키, 『댄스, 댄스, 댄스』 중)

    이것은 어떤 의미에서는 멘토와 제자 사이에서 오가는 대화의 원형적인 형태라고 해도 좋을 겁니다. 무라카미 하루키의 이야기 세계에서 요우남은 매우 이해하기 어려운 등장인물입니다. 주인공인 '나'의 또 다른 자아라고 해도 좋을지 모르는 오우기扇와 코단다五反田처럼.

    하지만 요우남이 그들과 다른 점은 배선을 연결시키는 기능을 한다는 점입니다. 하루키는 '스승'이라는 역할의 인물을 그의 소설에서 한 번도 등장시키지 않습니다만―아마도 아버지나 스승이 이끌어줌으로써 자기를 넘어서는 메커니즘에 대한 나름의 개인적 취향이 있어서가 아닐까요―그 대용품으로 '선을 연결시키는 사람'을 반복적으로 등장시킵니다. 기능적으로는 멘토와 동일한 존재로 볼 수 있습니다. 그의 일은 선을 연결해주는 것입니다. 근데 그렇다고 해서 나에게 뭔가 실증적으로 유용한 정보를 가져다주지도 않습니다. 그가 전하는 것은 단지 '나는 타자와 연결되어 있고, 연결되지 않으면 안 된다' '맥락에 연결되고 싶으면 일단 계속 춤을 춰라', 그것뿐입니다. 하지만 이것은 다름 아닌 멘토가 그 제자에게 전해야 할 메시지 바로 그것입니다.

    요우남은 "춤추는 거야" 전에 자신의 입장을 이렇게 설명하고 있습니다.

"여기서 내 역할은 연결하는 거야. 봐! 배전반처럼 이것저것 연결하지. 여기는 매듭이야. 그래서 나는 연결해. 따로따로 떨어지지 않도록 제대로 꽉 연결하는 거야. 이게 내가 해야 할 일이야. 배전반. 연결하기. 당신이 구하고 손에 넣은 것을 내가 연결한다. 알겠어?"

"대충" 하고 나는 말했다.

"자 그러면" 하고 요우남은 말했다. "그리고 지금 당신은 나를 필요로 해. 당신은 혼란 상태라서 자신이 무엇을 구하고 있는지 몰라. 자기가 보고 있던 걸 놓치고 있어. 어딘가로 가려 해도 어디로 가야 할지 몰라. 그래서 당신은 혼란스러워. 당신은 어디와도 연결되지 않은 듯 느끼고 있어. 실제로 연결되지 않았고. 당신이 연결되어 있는 장소는 여기뿐이야."

(위와 같은 책)

요우남이 말한 대로입니다. 멘토가 해야 할 말은 "네가 지금 연결되어 있는 유일한 장소는 여기다. 그래서 밖으로 가는 회로는 여기서부터 시작하지 않으면 안 된다"입니다.

그 말에 제자가 고개를 끄덕이면, '계속 춤추는 것'은 온전히 제자의 몫입니다. 멘토는 더 이상 할 일이 없습니다.

요우남이 멘토가 될 수 있는 건, 그도 또한 자신의 기원을 모르기 때문입니다. 어디에서 왔는지 왜 여기에서 나에게 이런 이야기를 밝히는지 이유를 말할 수 없습니다. 그 구조적인 무지無知가 그에게 멘토의 기능을 부여합니다.

"쫓겨서 숲으로 들어왔다. 기억해낼 수 없을 정도로 옛날 일이다. 그전에 내가 무엇이었는지 생각이 안 난다."

(위와 같은 책)

 교사가 교사로 존재하기 위한 조건은 바로 자신이 왜 여기 있는지 말할 수 없다는 점에 있습니다. 멘토는 왜 자신이 다름 아닌 자기 앞에 있는 이 사람과 지금 연결되었는지 말할 수 없습니다. 그도 또한 '이미 시작한 게임에 늦게 참가한 플레이어' 중 한 사람이니까요. 그가 다음 플레이어에게 볼을 패스하는 것은 그 역시 이전 플레이어에게 패스 받았기 때문입니다. 혹은 꽤 오랫동안 제대로 스텝을 밟아 계속 춤춰 왔기 때문입니다. 그리고 눈앞에 있는 청년을 다른 장소, 다른 사람들, 다른 시간과 '연결시키는 것'이 그가 지금 밟아야 할 '옳은 스텝'이라는 걸 알기 때문입니다. '계속 춤추기', 이것이 '늦게 참가한 플레이어'가 게임을 계속하기 위한 유일한 방법입니다. 그리고 누구나 구조적으로 기원에 늦을 수밖에 없는 이상, 그것은 우리 모두에게 부과된 일이기도 합니다.

 춤추기는 실로 훌륭한 비유라고 생각합니다. 댄스에서 스텝은 미리 움직임을 정해놓고 그것을 그대로 되풀이하는 것이 아닙니다. 물론 짧은 시간 추는 거라면 안무가 있는 댄스도 가능하겠지만, 끝없이 계속 춤을 춰야 하면 그럴 수 없습니다. 춤을 추는 것은 '발'입니다. 머리로 스텝을 생각하고, 그 생각을 중앙장치에서 말단으로 전해 근육운동을 지시하는 과정을 거쳐야 한다면 계속 춤출 수는 없습니다. 발이 스스로 생각해야 합니다. 이 스텝이 맞는지 어떤지는 발이 알고 있습니다. 그래서 어떻게 추면 좋을지 몰라도 계속 출 수 있습니다. 경우에 따라서는 박수갈채를 받는 화려한 스텝을 밟을 수도 있습니다.

배우는 사람이 해야 하는 일도 똑같습니다. 곡을 듣고 그 흐름을 타는 것, 왜 이 곡인지, 왜 제대로 추지 않으면 안 되는지, 춤을 멈추면 무슨 일이 일어나는지를 생각해도 소용없습니다. 생각하면 발이 멈추고, 발이 멈추면 게임이 끝납니다. 신경 써야 하는 것은 자신이 '제대로 춤을 추고 있는가'뿐입니다.

학교가 해야 할 가장 중요한 역할은,
아이들이 더불어 사는 기술을 익히기도 전에
어서 빨리 원자화·모래화·개별화 하라는
압력을 행사하는, 글로벌 자본주의의
파도를 막는 '방파제'가 되는 것입니다.

학생들을 이해할 수 없다는 교사들

지금부터는 '이지메'라는 무거운 주제를 다루도록 하겠습니다.

학생 상담으로 유명한 스와 고이치諏訪耕一 선생은 1980년대 들어 학생들의 언동을 전혀 이해할 수 없게 되었다고 합니다. 그 후 퇴직할 때까지 십수 년 동안 선생님은 끝까지 학생들 행동이 갖는 의미를 알 수 없었다고 합니다. 똑같은 일이 같은 시기에 일본 전역에서 일어났습니다. 교사 연수에서는 한결같이 "학생들의 행동을 이해할 수 없다"는 목소리가 들려왔습니다. 하지만 그것을 국민적 과제로 받아들이는 분위기는 없었습니다. 애당초 무슨 일이 일어나고 있는지 현장 교사들 자신들이 제대로 언어화하지 못했기 때문입니다. '아는 일'이 일어나고 있으면 말로 설명할 수 있지만 '뭔가 잘 모르는 일'이 일어나면 그렇게 쉽게 말로 설명할 수 없습니다.

일단은 학생 입장에서도 주관적으로는 합리적인, 어떤 내적인 룰에 따라 그처럼 이해하기 힘든 행동을 하고 있는 겁니다. 하지만 아이들 자신의 주관적 합리성, 내적 논리는 아무래도 보이지 않습니다. 이 상황이 1980~90년대 초중등교육의 현장 교사들이 비명을 지르며 체감하는 현실이었습니다.

스와 선생님도 "현장을 떠나고 나서 정말로 어깨에 짊어진 짐이 가벼워졌다"고 말씀하셨습니다. 스와 선생님은 열려 있는 분입니다. 이야기를 나누다 보니 알게 되었습니다만 늘 학생의 입장에 서서 그들을 어떻게든지 이해하려고 하는 유형의 선생님입니다. 그처럼 학생들의 마음속에 들어가려는 선생님들조차도 1980년대부터 학생들의 행동을 이해할 수 없게 돼버린 것입니다.

현장에서 '학생들이 무엇을 생각하고 있는지 이해할 수 없다'는 미증유의 혼란이 일어났을 때 언론도 행정도 '아이들의 자주성을 신장시키고 자기다움을 발휘시키는 교육'의 필요성만 외칠 뿐, 현장에서 정말로 무슨 일이 일어나고 있는지 묻지 않았습니다. 이때부터 약 20년에 걸친 '현장 무시'가 교육 붕괴 현상의 원인이 되었다고 생각합니다.

전대미문의 사태가 일어난 것만이 문제가 아니었습니다. 전대미문의 사태가 일어났다는 것을 인정하지 않으려고, 기존 문제의식의 틀 안에 집어넣고 교사 연수와 교육과정을 보정하고는 '어떻게 되겠지' 했던 것이 진짜 문제였습니다.

"이 문제는 간단하다"고 말하는 사람들

이지메, 등교거부, 학력저하 같은 문제를 생각할 때는 간단한 설명에 만족하지 않는 태도가 중요합니다. 제가 항간에 유포되는 교육론의 대부분을 신뢰할 수 없는 것은 이야기가 지나칠 정도로 단순하기 때문입니다.

지금까지 반복해서 말한 것처럼 교육은 매우 복잡한 구조를 띤 제도이고 다양한 요인들이 관여하고 있습니다. 그렇게 '복잡한 무언가'가 상태가 안 좋아졌는데 "이런 건 간단하게 고칠 수 있어" 하고 말하는 사람을 저는 쉽게 믿지 않습니다.

가령 어느 잡지에 "이지메를 없애는 것은 간단하다"라는 기사가 있었는데, 이런 말은 언론인이라면 자제해야 할 말입니다. 간단할 리가 없습니다. "이지메를 없애는 것은 간단하다, 이지메 하는 사람이 없어지면 된다"라는 글은 논리적으로는 틀리지 않습니다. '범죄를 없애는 것은 간단하다, 범죄자가 사라지면 된다'와 같습니다. 그런데 그건 보시다시피 동어반복이죠.

'문제는 아주 복잡하고 곤란하다, 어디서부터 손을 대야 할지 잘 모를 정도로 복잡하고 곤란하다' 이러한 현상 인식을 먼저 공유하지 않으면 이야기가 되지 않습니다. "이것은 간단한 이야기"라고 말하고 가능하지도 않은 판타지 같은 해법을 제시하면, 사고 활동은 거기에서 정지해버리고 맙니다. 간단한 문제 진단에 간단한 해법을 전제로 한 관리교육 비판이 있고, '유토리ゆとり, 여유 교육'의 도입이 있습니다. 또 학력 향상을 위한 관리 강화와 교장과 교감에게 권한을 집중하는 상명하달식의 구상도 있습니다. 교육정책이 이 같은 실수를 반복하는 것은 그때그때마다 "간단하게 해결할 수 있다"며 공수표를 남발하고 있기 때문은 아닐까요. 간단한 진단에 간단한 솔루션이 있다는 생각에, 내심 믿기지 않으면서도 교육정책 당사자도 언론도 학부모도 매달리

이지메에 대한
다른 이해

고 있기 때문입니다.

'간단한 솔루션'은 지적 부하를 경감시킵니다. "이것이 나쁘다. 이것이 모든 악의 근원이다"라고 말하면 끝납니다. 실제로 교육문제의 원인은 무수히 많아서 주입식 교육도, 천천히 가는 교육도, 통제도, 방임도 하나의 원인일 겁니다. 그래서 '이것이 나쁘다'는 명제의 전제는 옳지만 '이것이 모든 악의 근원이라서 이것만 처리하면 만사 해결된다'라는 건 논리적으로 맞지 않습니다. '어려운 것은 생각하고 싶지 않다. 지적 부하를 줄이고 싶다'는 사람들의 무의식적인 욕망의 결과라서, 그 말을 하는 사람은 그 논리의 비약을 자각하지 못합니다.

일종의 범인 찾기 방식이라고 해도 좋습니다. "나쁜 사람이 누구냐? 책임져야 할 사람은 누구냐?" 하는 식으로 문제 해결에 들어갑니다. 끔찍한 사건은 거의 대부분 단독범행이라는 건, 명백한 경험적 사실이기 때문입니다. 벽에 낙서가 되어 있을 때는 우리는 복수의 범행일 가능성을 떠올립니다. 하지만 연쇄살인이나 엽기살인의 경우에는 복수 범행의 가능성을 배제합니다. 거의 대부분 자동적으로 범인은 한 명이라고 추측합니다. 개연성이 높은 추리입니다만 실제로 '이렇게 끔찍한 짓을 하는 인간은 가능하면 소수이면 좋겠다'는 우리의 바람에서 도출된 추리입니다.

그것처럼 '욕망에 기초한 추론'이 끔찍한 사건을 두고도 일어납니다. 교육 시스템의 문제가 우리에게 엄청난 사건이라고 강하게 느끼는 사람일수록 '단독범행설'을 고집합니다. 그렇게 말해도 틀리지 않을 겁니다. "이런 건 간단한 이야기야"라고 말하는 사람은 실은 조금도 간단하다고 생각하지 않습니다. 오히려 예삿일이 아니라 생각하고 큰 혼란을 느낍니다. 너무 혼란스러운 나머지 '간단한 이야기'를 만들어 그것에 매달리는 것 말고는 달리 방법이 없는 겁니다.

교육 시스템 부조리의 원인이 복잡해질수록 사람들은 '이런 것은 간단하다'는 솔루션에 매료됩니다. 그리고 사태는 한층 악화됩니다. 유감이지만 우리가 직면한 상황은 그렇게 간단한 것이 아닙니다. 복잡한 문제입니다. 복잡하다는 것은 하나하나의 대수롭지 않은, 별로 해가 없을 법한 무수한 요인들이 얽혀서, 서로 복합적인 효과를 내면서 위기적 상황으로 나타나는 겁니다. 문제를 더 복잡하고 어렵게 만드는 것은, 복잡한 요인 중 꽤 많은 것들이 '이렇게 하면 교육이 좋아진다'며 선의로 도입한 '간단한 솔루션'의 잔해라는 겁니다. '일본의 교육제도를 파괴하겠다'는 악의를 갖고 교육에 참여하는 사람은 한 사람도 없습니다. 문부성도, 학교에 클레임을 걸어서 교사를 곤란하게 하는 부모도, 교육문제 해결은 간단하다고 말해 사태를 더욱 빼도 박도 못하는 곳까지 몰고 가는 교육평론가도, 그 어느 쪽도 악의는 없습니다. 순전히 선의로 사태를 악화시키고 있는 셈입니다. 그러므로 모두가 선의로 교육을 좋게 만들고 싶어 하지만 사태는 전혀 호전되지 않는다는 사실을 인정하는 데서 시작해야만 합니다.

사태는 서로 얽힌 실타래 같습니다. 실타래의 끈을 한 가닥 집어 들고 "이것만 어떻게 하면 모두 좋아진다"며 갑자기 잡아당기거나 가위로 잘라도 사태는 좋아지지 않습니다. 더 악화될 뿐입니다. 그러니 각오하고 일에 착수할 수밖에 없습니다. 경우의 수는 너무나도 많습니다. 하지만 그 수가 많다 해도, 요컨대 수의 문제라면 수의 문제에 지나지 않습니다. 뒤엉킨 실타래를 푸는 것도 같습니다. 매듭을 하나씩 풀어나가면 언젠가는 풀립니다. 어떤 끈을 당기면 전부가 한 순간에 풀리는 '마법의 끈'은 없습니다. 일단 풀릴 것 같은 끈을 찾아서 한 가닥 한 가닥 풀어나갈 수밖에 없습니다.

상황에 대한 낙관과
자신에 대한 비관

눈에 보이는 큰 변화는 중학교에서 교내 폭력이 빈번하게 발생하고 사제관계가 붕괴되면서 시작되었습니다. 거기에서부터 학교의 기능은 추락했고, 별 효과적인 대처 없이 30년의 시간이 흘렀습니다. 그 결과 지금과 같은 교육 현상이 나타나고 있습니다. 그러므로 이 문제에 뛰어들 때는 다시 30년 정도 걸려야 해결할 수 있다는 마음가짐이 필요합니다. 저는 그렇게 생각하고 있습니다.

제가 교육재생회의에 비판적인 것은 '한꺼번에 해결할 수 있는 방법'을 필사적으로 찾고 있기 때문입니다. 교육처럼 타성이 강한 제도가 제대로 돌아가지 않을 때 단기적인 해결책은 있을 수 없습니다. 긴 시간에 걸쳐 인내심을 갖고 지속적으로 다양한 노력을 하지 않으면 제대로 일이 되지 않습니다. '누가 범인'이라며 타자를 책망하는 논의는 백해무익합니다.

이렇게 말하면 "그럼 당신은 어떻게 하면 된다고 생각합니까?" 하고 다들 묻습니다. 저는 이렇게 대답합니다. "저는 제 일을 하고 당신은 당신의 일을 하는 겁니다. 그것밖에 없죠."

지금의 교육 현상은 우리 사회 구성원 전원의 합의로 만들어낸 일종의 '작품' 같은 겁니다. 아가사 크리스티의 『오리엔트 특급살인 사건』에서처럼 우리 모두가 범인인 것입니다. 모두가 조금씩 범인입니다. 모두가 저지른 일에 대해, 자신이 가져온 재난에 대해 자기 책임으로 감당해야 합니다. 우리 교육을 이런 식으로 만든 책임을 지고 각자 할당량만큼 땀을 흘려야 한다고 생각합니다.

오늘날의 교육 현상은 마치 난파선에 함께 타고 있는 모양새입니다. 배는 이미 좌초되었습니다. "좌초는 누구 책임인가?" 하고 화를 내도 소용없습니다. 누가 키를 잡았고, 암초를 발견하지 못한 사람은 누구인지 그것을 찾아내어 추궁해도 문제는 하나도 해결되지 않습니다. 범인을 특정해서 "난파 책임은 네게 있어. 그러니 너 혼자 어떻게든 해봐. 나는 난파했을 때 자고 있었으니 계속 잘 거야" 하고 말할 권리는 누구에게도 없습니다. 그런 말을 해도 상관은 없지만 그런 말을 하면 아무도 상대해주지 않을 겁니다. 문제는 이미 일어났습니다. 그 배에 타고 있었던 이상 이 사태에 대해 자기는 직접 책임이 없다고 해도 이 위기에서 탈출하기 위해서는 다른 사람과 협력해야만 합니다.

"나는 책임이 없으니까 자겠다. 책임 있는 사람이 어떻게든 해봐!" 하고 말할 수 있는 것은 위기감이 없기 때문입니다. 이대로 좌초하면 모두 죽는다는 생각은 하지 않는 겁니다. '누군가 어떻게든 해주겠지' 하고 생각합니다. 타책적인 인간은 실은 근거도 없이 낙관적인 인간이기도 합니다. 자기는 빠져도 어떻게든 해결될 거라고 생각하고 있는 것입니다.

그런데 '내가 없어도 어떻게든 될 거야'는 위기에 대한 평가가 낮은 것이기도 하지만 동시에 자신이 공헌할 수 있는 것에 대해서도 아주 낮게 평가하고 있는 겁니다. '내가 있어도 아무런 도움이 되지 않는다'고 생각하는 겁니다(단, 이 사실을 의식화하지는 않습니다). 낮은 피해 평가(근거 없는 낙관)와 자기 비하(근거 없는 비관), 이 두 가지가 '범인 찾기'에 열중하는 타책적인 사람들의 특징입니다.

위기 상황에서 우리는 어떻게 행동해야 하나

1995년, 제가 있는 대학은 대지진으로 큰 피해를 입었습니다. 저는 지진이 일어난 다음날 학교에 갔습니다. 지진이 있었음에도 이삼십 명의 교직원이 나와 여기저기 흩어져 정리를 하고 있었습니다. 일단 저도 연구실을 정리했습니다. 책이 책장에서 떨어진 것뿐이라 곧바로 정리를 마쳤습니다. 방을 정리하고 나서 밖으로 나가 근처를 둘러봤습니다. 상상을 초월하는 광경이었습니다. 그때부터 2주 정도는 어떻게 흘러갔는지 기억이 없습니다. 날마다 대학까지 오토바이로 출근해서 하루 종일 토목작업을 하고 저녁 무렵이면 근처 초등학교 체육관으로 돌아와 딸과 저녁을 먹었던 건 기억하지만 학교에서 무슨 일을 했는지는 거의 기억이 나지 않습니다.

인간은 해야 할 일이 너무나 많고 자기가 할 수 있는 일은 얼마 되지 않을 때, 자신이 무엇을 하고 있는지 생각하지 않게 됩니다. 그저 하루 종일 아래만 쳐다보며 쓰레기를 치우고 넘어진 가구를 바로 세우고 열리지 않는 문을 여는, 한도 끝도 없는 '힘쓰는 일'을 했지만 아무리 일해도 쓰레기 산은 줄지 않고 질서는 회복되지 않았습니다.

제 노동력은 대학이 질서를 회복하는 데 필요한 총 노동량의 수억분의 일 정도였을 겁니다. 인간은 자신이 아무리 애써도 성과가 눈에 보이지 않는 노동을 하면서도 절망하고 싶지 않으면 묵묵히 아래만 보고 일할 수밖에 없습니다. 일단 자기 발밑에 있는 유리 파편을 정리하고 떨어져 있는 책 한 권을 책장에 다시 갖다 놓는, '소쿠리로 물 뜨기' 같은 작업을 계속하는 것 말고는 달리 방법이 없습니다. 그러다 사람들은 자연스럽게 집단을 만들어 작업하는 편이 효율적이라는 걸 알게 되었습니다. 열 명 정도 무리를 만들어 학교 여기저기를 다니며 막힌 연구실 문을 열거나 굴러다니는 실험도구를 바로 세우는 일들을 하루도 빠짐없이 했습니다.

그때 어느 선생님이 와서 제안했습니다. "이런 식으로 주먹구구식으로 해봤자 의미가 없다. 며칠이 걸릴지 모른다. 이렇게 사람들이 모였으니 제대로 매뉴얼을 만들고 중앙에서 노동력을 컨트롤해 쓸데없는 노동력을 줄여야 한다" 하고. 하지만 아무도 그 말을 듣지 않았습니다. 그저 모여 학교 안을 이리저리 돌아다니며 닥치는 대로 일을 했습니다. 그 선생님은 점점 기분이 나빠졌습니다. "자네들은 왜 이런 쓸데없는 일을 하고 있나. 작업을 중지하고 모두 회의실에 모여 제대로 의논해서 전체 매뉴얼을 만들어 작업하면 훨씬 능률적이야" 하고 재차 말했습니다. 그래도 어느 누구도 귀를 기울이지 않자 결국 그 선생님은 화가 폭발해서 "나도 더 이상 모르겠다. 너희들 마음대로 비능률적으로 일해" 하고는 그대로 집으로 돌아가버렸습니다.

그 선생님의 생각을 이해할 수 있습니다. '간단한 솔루션이 있다. 그러면 문제는 효율적으로 해결된다. 자신은 그 솔루션을 알고 있다', 아마도 이렇게 생각하고 있었겠죠. 그런데 귀를 기울이는 사람은 없었습니다. 왜 그랬을까요? 실제로 현장에서 돌을 줍고 있던 사람들은 지금 이 상황이 그렇게 간단하지 않다는 걸 실감하고 있어서 그렇습니다. 지금은 중앙통제 방식으로 매뉴얼을 만들고 인원을 나눠서 할 수 있는 상황이 아니라는 것, 한 명 한 명이 먼저 자기 발아래 돌을 주울 수밖에 없는 엄청난 재난이라는 걸 직감적으로 알고 있었습니다. 그 선생님의 솔루션에 누구도 흥미를 보이지 않은 건, 그 선생님은 돌을 줍지도 않고 오로지 '효율적으로 사람들이 돌을 줍게 하는 방법론'에 시간을 쏟고 있었기 때문입니다.

그런 비효율적인 작업을 몇 주, 몇 달간 계속하다 보니 어느 날 문득 쓰레기는 거의 정리가 되었고 수업을 시작할 수 있었습니다. 인간의 힘은 참으로 미약하지만, 때론 얼마나 대단한지를 절실히 느꼈습니다.

물론 그 선생님 말대로 가능한 닥치는 대로 할 것이 아니라 제대로 계획을 세워서 중요한 것부터 우선적으로 자원을 투입하는 것이 좋겠죠. 하지만 그건 '일상적인 일'의 경우입니다. 위기가 일정한 규모를 넘어서면, 중앙통제 방식이 효과를 발휘할 수 없게 됩니다. 컨트롤하는 것은 상관없지만 컨트롤하는 일 자체에 귀중한 자원을 투입해야만 합니다. 적절한 쓰레기 제거 계획을 세우려면 피해에 대해 정밀하게 조사한 뒤 우선순위를 어디에 둘지 합의해야 하고, 교직원들에게는 "자네는 내일 몇 시 몇 분부터 몇 시 몇 분까지, 이러이러한 곳에서 이러이러한 일을 하시오"라는 식으로 일을 할당해야만 합니다.

그 당시를 떠올려보면 그 어느 것도 불가능했습니다. 우선 피해 상황을 조사하려면 열리지 않는 모든 문을 열고 복도를 통과할 수 있도록 쓰레기를 다 치워야 합니다. 복구 순서도 누구든 자기가 있는 곳이 우선 복구되길 바라겠지요. "제 연구실은 마지막으로 해도 됩니다" 하고 말할 수는 있어도, "우리 학과 건물은 마지막에 해도 됩니다"라고 할 수는 없습니다. 게다가 교직원들은 명령이 아니라 자발적으로 왔고 실제로 모든 것이 정리되고 수업이 시작될 때까지 얼굴도 비치지 않은 교원도 상당수 있었습니다. 그들은 뜻하지 않은 긴 봄방학을 누렸습니다. 그들이 주장하고 싶은 말은 이런 것입니다.

"등교해서 복구작업을 하라는 업무명령이 있었으면 우리도 등교했겠죠. 하지만 누구한테서도 그런 명령은 없었습니다. 공식적인 업무명령이 없으니 내 일이 아니라고 생각했습니다."

그들은 이 세상에 '공식적인 업무명령을 내릴 수 없는' 그것이 바로 위기상황입니다. 그들은 그런 상황이 있을지도 모른다는 상상력을 발휘하기를 꺼린 겁니다.

위기는 이처럼 중앙에서 일원적으로 컨트롤해서 최적의 해결책을 선택할 수 없는 상황을 가리킵니다. 물론 논리적으로는 간단한 솔루션과 최적의 해결책이 있을 수도 있지만 현실화할 수가 없습니다. 그 솔루션을 현실로 만들려면 정작 그 일을 해야 할 사람들이 솔루션을 만들어내는 과정에서 완전 연소돼버릴 테니까요. 백만 원의 자금이 있는데, 이것을 어떻게 사용할지 최적의 해법을 찾기 위해 날마다 논의하느라 도시락 값으로 백만 원을 써버리는 경우와 같습니다. 그리고 이것이 지금 교육계에서 일어나는 현상입니다.

교원들과 소수의 학부모, 소수의 지역사회 사람들이 교육개혁을 위해 동원할 수 있는 자원입니다. 유감이지만 문부성과 중앙교육심의위원회 혹은 교육위원회는 사용가능한 자원이 아닙니다. 사용가능한 자원의 용도를 결정하고 최적의 해법을 내는 것이 그들의 일인데, 지금은 누구도 그런 일을 필요로 하지 않습니다. 그래서 교육재생회의가 제언하듯 교육개혁을 탑다운 방식으로 하는 건 완전히 난센스입니다. 탑다운으로 할 수 있는 것은 시스템이 일상적으로 기능할 때뿐입니다. 일상적인 일이라면 무엇이든지 결정할 수 있습니다. 하지만 시스템 기능이 제대로 작동되지 않는 위기상황에서는 탑다운으로는 아무것도 할 수 없습니다. 이런 시스템은 현장에서 일하는 개개인의 능력과 기량을 세세하게 살펴서 그들이 담당해야 할 작업을 정확하게 예측할 수 있을 때 비로소 '기능'하기 때문입니다. 모든 직원에게 정확하고 적절한 근무평가가 이루어진다고 상정하고, '그의 이런 능력을 감안할 때 이 직무를 완수해줄 것'이라 예측해 그것을 기초로 업무계획을 세우는 것이 바로 탑다운 방식입니다. 부하의 능력도 모르고 어디에 누가 배속되어 있는지도 모르고 누가 어떤 능력과 결함을 가졌는지도 모르는 상황에서는 탑다운 방식은 불가능합니다.

회사를 만들고 키워본 경험이 있는 사람이나 위기적 상황을 극복한 경험이 있는 사람이라면 알겠지만, 한 명 한 명이 자신에게 기대된 일의 몇 배, 몇십 배를 초과달성 할 때에만 집단적인 돌파가 일어납니다. 그리고 초과달성은 탑다운 방식에서는 실현 불가능합니다. 상명하달로 가능한 것은 "자네에게 지급된 월급만큼의 일은 해주게"까지입니다. 객관적인 근무평가가 있다면 그리고 그 평가를 기초로 탑다운 방식으로 일이 이뤄진다면, 누군가가 '월급 이상의 일'을 할 가능성을 계산에 넣어서는 안 됩니다. 탑다운 경영은 평상시의 경영기법입니다. 대지진 같은 천재지변이나 교육 붕괴 같은 상황은 탑다운 방식으로 해결할 수 없습니다. 움직여야 할 사람이 '자신이 평소에 받는 월급만큼의 일'만 해서는 상황을 타개할 수 없습니다. 화재가 난 곳에서는 화재가

났을 때의 초인적인 힘에 의지하는 것 말고는 길이 없습니다. 교육문제의 해법은 조직을 어떻게 정비하고 상부의 명령을 어떻게 그대로 현장에서 실현하느냐가 아니라, 어떻게 현장 교사가 힘을 내어 초과달성 할 수 있도록 환경을 정비하느냐에 달려 있습니다. 초과달성이라는 건 상사가 하라고 명령할 수 있는 게 아니라 '내가 할 수밖에 없다'고 자발적으로 마음을 낼 때만 가능한 것입니다.

학교와 사회 사이에 벽이 필요한 까닭

오늘의 교육위기는 지각변동에 가까운 규모로 진행되고 있는 전체적인 사회변화의 한 현상임에 틀림없습니다. 저는 이 현상을 사회시스템이 학교교육 안으로 너무 많이 들어와 조정 능력을 잃어버린 상태라고 이해하고 있습니다.

몇 번이나 말씀드린 것처럼 학교는 아이들을 바깥 세계로부터 격리해서 보호하는 것을 그 본질적인 책무로 삼아야 합니다. 학교와 바깥 세계 사이의 '벽', 즉 아이들을 바깥으로부터 지키는 벽이 없어서는 안 됩니다. 학교는 본질적으로 '온실'이 되어야 합니다. 이론異論이 있는 분도 많겠지만—반 이상이 반대할 거라고 생각합니다만—양보할 수 없는 제 교육관입니다.

학교가 하는 일, 교사의 일은 무엇보다도 외부를 향한 욕망을 자극

하는 것입니다만, 이것은 보통 사람들이 생각하는 세속적인 이야기가 아닙니다. 아이들에게 '세상은 어차피 욕망으로 점철된 곳'임을 가르쳐 주는 것이 외부와의 회로를 만드는 일이 아닙니다. 오늘날 부모와 주위 어른, 대중매체가 선전하는 세속의 가치관과는 다른 문법으로 만들어지고, 다른 측정법으로 잴 수 있는 '예지叡智의 경위'가 존재한다는 것을 믿게 하는 것, 그것이 바로 교육의 첫 번째 목적이라고 생각합니다.

학교교육이 무너진 것은 학교와 사회를 격리해온 이 '벽'이 붕괴되었기 때문입니다. 교사도 부모도 교육행정도 그리고 아이들도 모두가 '글로벌 자본주의'의 신봉자가 되어버렸습니다. 일부는 스스로 알아서, 일부는 싫다고 고개를 흔들면서 말입니다. 그리고 학교의 내부와 외부 사이의 온도차가 거의 없어져 버렸습니다.

아이들은 지금의 학교에서 '외부는 존재하지 않는다, 세계는 모두 남김없이 시장으로 메워졌다'는 사실을 날마다 실감하고 있습니다. 학교에서 가르치는 이들이 욕망하는 것도 '상품'이지, 더 이상 예지의 경위가 아닙니다. 저는 이 사태를 '원자화·모래화·모듈화' 같은 말로 설명해왔습니다.

모듈화modularization는 비즈니스 용어로, 비용 절감을 위한 방법 중 하나입니다. 다양한 업무를, 매뉴얼이 정해져 있는 작은 작업 단위로 나누고 그것을 다시 나누어서 분담하는 것이지요. 어떤 사업 부서는 통째로 본체와 분리해서 외주로 내보내는 경우도 있습니다. 그러면 본사에서는 그 부서의 종업원을 고용할 필요가 없어집니다. 인건비를 줄일 수 있지요. 정규직을 줄이고 비정규직 고용을 늘이는 것도 똑같은 발상입니다. 모듈화할 수 있는 작업은 모두 모듈화해서 시급 아르바이트를 시키고 정규직 사원에게는 고부가 가치의 일을 시키는 것이죠. 합리적입니다.

그런데 모듈화에는 눈에 보이지 않는 의외의 함정이 있습니다. 하나는 모듈화가 지나치게 진행되면 각각의 작업 내용이 블랙박스화 됩니다. 작동 원리를 알 수 없는 복잡한 기계장치처럼 어떤 모듈이 그 전후 모듈과 어떻게 연결되는지 전체적으로 보고 이해하는 사람이 점점 줄어들기 때문입니다.

어느 대기업 항공사에서는 십여 년 전부터 적극적으로 업무의 모듈화와 외주작업을 추진해왔다고 합니다(그 회사로부터 직접 들은 이야기입니다). 그래서 인건비를 큰 폭으로 줄일 수 있게 되었는데, 그러다 보니 어떤 작업의 경우 어떤 업무인지 그 내용을 모르게 돼버렸습니다. 본 업무에서 가장 중요한 일을 모듈화해서 하청, 재하청을 주다 보니, 본사에는 그 내용을 제대로 이해하는 사람이 없어지고 말았습니다. 그리고 어느 날 외주를 주던 하청업체가 거래가격을 큰 폭으로 인상할 것을 요구해왔습니다. 바깥으로 하청을 줬다가 도리어 '인질'로 붙잡히게 된 것입니다. 물론 본사는 그 요구를 받아들일 수밖에 없습니다.

이것이 바로 기업의 눈에 보이지 않는 함정인데, 사원 개개인도 눈에 보이지 않는 비슷한 함정에 빠집니다. '인간의 모래화·모듈화'입니다.

비정규 고용이 예외적인 고용 형태였던 시대에는 기업이 일종의 '가족'이었습니다. 사원들은 기숙사에서 한솥밥을 먹고 주말에는 함께 사원여행을 가거나 하이킹을 가고, 야구와 카드게임을 하면서 지냈습니다. 사원들은 서로 얼굴을 마주보며 친해졌습니다. 하지만 업무 모듈화로 고용관계도 크게 변했습니다. 옆에 앉은 사람의 이름도 모르는 경우가 생겼습니다. 물론 일 끝나고 함께 밥을 먹으러 가는 경우도 드뭅니다. 옆 책상에 있는 사람에게 메일로 업무사항을 전달하는 것이 일상화되었습니다. 그 과정에서 사원들 사이의 연대가 사라지고 노동조합이 해체되고 노동조건은 더욱 열악해집니다. 이런 상황은 '양극화론'으로, 여러분이 잘 알고 있는 그대로입니다.

양극화론자들은 고용주가 아닌, 자신과 똑같이 원자화되어 있는 동료에게 '무능한 녀석은 사라지고 나에게 그 직책과 급료를 달라'고 요구하라는, '간단한 솔루션'으로 제시하고 있습니다. 그러는 사이 노동자 간의 연대는 점점 사라지고 노동조건은 더욱 나빠집니다.

인간의 원자화는 학교에서도 똑같이 일어나고 있습니다. '아이들의 개성화'로도 불립니다. 여기서 말하는 '개성'은 우리가 원래 알고 있는 의미와 다릅니다. 저는 아이들의 개성화는 오히려 업무의 모듈화에 가깝다고 생각합니다.

지금 청년들은 근무를 시작한 지 3년 만에 회사를 그만두거나 혹은 좀더 빨리 그만두기도 합니다. 그런 사람들이 늘 이직·퇴직의 이유로 드는 것은 '좀더 보람 있는 일을 하고 싶다'입니다. 그런데 그 '보람'

이란 도대체 무엇일까요? 자세히 물어보면 자신이 혼자 힘으로 성취한 일에 대해서는 자신만이 그 보상을 점유할 수 있는 일을 하고 싶다는 것입니다. 그들이 보람 있는 일로서 자주 드는 직업은 뮤지션, 배우, 만화가, 작가 등등입니다. 자기가 한 일에 '아무개가 한 일'이라는 태그가 딱 붙어 있어서 그 일의 성과를 누구하고도 나누지 않고 혼자서 독점할 수 있는 일. 그런 일이 요즘 청년들이 말하는 보람 있는 일인 것 같습니다.

그런데 실제로는 그런 '창의적이고 개성적인 일'은 존재하지 않습니다. 99퍼센트의 일은 집단 작업이기 때문입니다. 여러 사람이 협동해서 일을 하고 그 성과에 대해 보상이 주어지면 그것을 모두가 함께 나눕니다. 기업 활동에서 어디서부터 어디까지가 자신이 달성한 일인지, 받은 보수 중에 어디서부터 어디까지가 자신의 몫인지를 말하는 건 원리적으로 불가능합니다. 영업이나 개발이 아닌 총무나 경리 같은 부서는 애당초 눈에 보이는 '이익'을 낼 수가 없습니다.

보람 있는 일을 구하는 젊은이들은 부양가족수당 계산 같은 총무부 일에는 곧바로 스트레스를 받습니다. 그리고 "이런 일은 재미없다, 보람이 없다, 내가 완수한 게 눈에 보이는 일을 하고 싶다, 좀더 창의적인 일을 하고 싶다"고 합니다. 창의적이라는 건 자신의 일에 고유의 태그가 붙어서 그것이 가져오는 보수는 모두 자신에게 점유권이 있는 그런 일을 말합니다. 그러니까 창의적이라는 말은 모듈화된 것과 거의 같은 말인 셈입니다.

비정규 일은 모듈화된 일입니다. 매뉴얼대로 하면 누구나 할 수 있는 일이고, 지시된 작업 외에는 재량권이 없습니다. 그 대신에 자기 외의 사람과 긴밀한 연락을 하고 책임을 나누고 이익을 나누는 일은 하지 않아도 됩니다(아니, 해서는 안 됩니다). 내 일에 대해서는 내가 책임을 지고 타인의 일에는 책임을 지지 않는, 내 리스크는 나 혼자서 짊어지고 내가 올린 이익은 누구하고도 공유하지 않는, 그것이 모듈화된 인간이 '보람 있다'고 하는 '창의적인 일'의 실상입니다.

개성을 추구하는 아이들이 빠지는 함정

── 교육 현장에서는 모듈화가 어떤 형태로 드러날까요? 일전에 어떤 고등학교 교사연수에 강사로 초청받은 적이 있습니다. 그때 한 선생님이 최근에 놀랐던 일이라며 이런 이야기를 들려주셨습니다.

선생님 반에 사이가 좋은 남자아이 두 명이 있었는데, 항상 같이 놀았습니다. 어느 날 그 두 아이가 함께 하교를 하는데, 교문 밖에서 다른 학교 불량배를 만나 돈을 빼앗기게 되었습니다. 그러자 한 친구가 "나 지금 학원에 가야 해!" 하고 친구를 그 자리에 남겨두고 도망을 갔다고 합니다. 두 사람은 그 다음날에도 '아무 일 없었다는 듯이' 같이 놀고 있었다고 합니다.

"이건 도대체 뭔가요?" 그 선생님은 곤혹한 얼굴로 제게 물었습니다. 위기에 몰린 친구를 두고 도망간다는 것은 이기주의로 설명할 수 있겠지만 다음날 아무 일 없었다는 듯이 같이 논다는 건 더 이해할 수 없다고.

실은 저도 제대로 설명할 수 없었습니다. 아마 자신의 리스크는 자기가 떠맡고 자신의 이익은 자신이 독점한다는 생각이 꽤 깊게 내면화돼있는 거겠죠. 타인과 운명공동체 같은 걸 형성하는 데 대한 강한 거부감이 있을지도 모르고요. 확실히 그렇게 생각하니 아이들의 개성적인 행동도 타자와의 '차별화'를 과잉 의식한 결과인 것 같습니다.

예를 들면 수업 중에 계속 뒤를 돌아보고 앉은 아이가 있습니다. 몸을 비틀어 돌리고 있는 건 신체적으로 꽤 고통스러운 일이기 때문에 게으름을 피운다고 말하기는 어렵습니다. 그 자세를 유지하기 위해 나름대로 노력하고 있으니까요. 이 친구가 노력하는 동기는 비틀어 돌아보는 이 자세가 자기 개성을 드러내는 거라 생각해서입니다. 그는 타자의 시선에 자기 자세가 하나의 기호로 인지되기를 갈망하고 있습니다. 잠이 부족해서 졸고 있거나 멍청하게 창밖을 바라보는 태업怠業과는 본질적으로 다릅니다.

교단에 서서 보면 전체적으로 무질서하고 게으름 피우는 듯 보이는 반이라도, 구성원 모두가 끊임없이 서로를 참조하면서 주위 사람과 다른 일을 하려고 열중하고 있는 겁니다. 예를 들면 선생님이 교실에 들어오면 '선생님께 경례'라는 걸 하죠. 지금도 아이들은 그 인사를 하고 있습니다만 아주 '완만하게' 수행합니다. 느릿느릿 일어나서 싫은 얼굴로 경례를 하고 느릿느릿 앉습니다. 이 동작은 에너지를 정말 많이 소비하는 정밀한 신체조작입니다. 느릿느릿 일어나서 느릿느릿 앉는 것은 재빨리 일어서서 재빨리 앉는 것보다 근육과 관절에 걸리는 부하가 큽니다. 즉, 그들은 흐느적거리는 것이 아니라 흐느적거리는 것처럼 보이기 위해 일부러 그런 동작을 하고 있습니다. 그 완만한 동작을 통해 '나는 당신에게 경의를 표하고 싶지 않다'는 메시지를 교사에게 보내는 겁니다. 그들은 그 신호를 보내기 위해 쏟는 에너지를 아까워하지 않습니다.

좀더 자세히 보면, 그 '느릿느릿 흐느적흐느적'은 모두의 몸동작이 일치하지 않고, 최고도의 '무질서'를 달성하도록 한 명 한 명이 자신의 신체를 꽤 세세하게 컨트롤함으로써 달성된다는 것을 알 수 있습니다. 만약 반 전원이 호흡을 딱 맞춰서 '느릿느릿 흐느적흐느적' 움직이면 그것은 피나 바우쉬Pina Bausch의 댄스처럼 극적인 감동을 가져오겠죠. 물론 그런 일은 일어나지 않습니다. 40명의 학생들이 단 한 명도 서로 호흡이 맞지 않도록 움직이고 있기 때문입니다. 나는 이 노력이야말로 '개성화'의 징조라고 생각합니다. 그들은 집단 속에서 함께 신체를 구성하고 호흡을 맞추고, 동시에 웃고 동시에 한숨 쉬고 동시에 뒤로 몸을 젖히는 것 같은, 예전 아이들에겐 너무나 익숙한 비非언어적 의사소통 기술을, 확실히 의도적으로 방기하고 있습니다. 무작위, 무질서, 일체감이 생기지 않는 것들을 아이들은 강하게 희구하고 있습니다. 기묘한 현상이라고 생각하지 않습니까?

저는 공共신체의 형성, 그것이 더불어 살기 위한 기본적인 생존 전략이라고 믿고 있습니다만, 아이들은 이것에 대한 강한 억제를 작동시키고 있는 것이지요. 옆 사람과 공감하지 않는 것이 집단적인 목표가 돼버린 겁니다. 적어도 그 '집단적 목표'는 일치합니다. 서로 비슷하지 않도록 행동하는 데 모두가 함께하는 겁니다. 상호모방을 기피하는 방식을 상호모방하고 있는 것이죠. 모방의 차원이 하나의 메타 수준으로 진행되고 있습니다.

"잠깐, 여고생들이 똑같은 차림새를 하고 소지품과 화장까지 똑같이 하고 똑같은 타이밍에 웃는 걸 자주 보는데, 그럼 이런 행동은 어떻게 설명할 수 있나요?" 하고 묻는 분이 계실지도 모릅니다. 그런데 아무리 봐도 제가 말하는 '공共신체의 형성'과는 질이 다른 것 같습니다. 대학생이 되어 중고등학교 시절을 회상하는 글을 보면, 종종 '그것'이 얼마나 고통스러운 일이었는지 아주 상세하게 묘사되어 있습니다. 모두와 똑같은 옷을 고르고 똑같은 액세서리를 두르고 똑같은 음악을 듣고 똑같은 농담을 하며 웃었지만 정작 그런 것들이 정말 싫었다는 문장을 저는 백 번 정도 읽었습니다.

다른 한편, 밴드부나 체육 동아리, 학예회 실행위원회에서 모두 힘을 모아 축제를 무사히 끝내고 난 뒤 깊은 감동을 느꼈다는 문장은, 면접시험의 자기추천서에서 천 번 정도는 읽었습니다. "그렇게 감동적인 체험이었다면 대학에서 계속하면 좋을 텐데" 하면 대부분은 저를 이상한 얼굴로 쳐다보면서 "아뇨, 이제 됐습니다" 합니다. 이상하죠. 아무래도 모두와 함께 무언가를 공동으로 실현한다는 것에 복잡하게 얽히고설킨 기쁨과 불만의 이중감정이 작용하고 있다고 생각합니다.

얼마 전, 고등학생 정도로 보이는 남학생 세 명이 제 뒤에서 이야기를 나누고 있었습니다. 그들이 나누는 이야기가 아무래도 귀에 거슬렸습니다. 왜 귀에 거슬렸는지 그 이유를 생각해보았습니다.

고등학생 셋이 이야기를 하고 있으면 대개는 "그래서 말이야" "맞아! 맞아!" 하는 식으로 거의 비슷한 패턴으로 이야기하기 때문에 옆에서 듣고 있으면 누가 누군지 구별이 안 되기 마련입니다. 그래서 저도 그렇게 생각하고 있었던 거겠죠. 그런데 그게 아니었습니다. 한 명이 갑자기 큰 소리를 내거나 다른 한 명이 갑자기 말하는 속도를 늦춥니다. 어떻게 해서든 바로 앞의 화자와 미묘하게 억양을 다르게 조절하고 있었습니다. 음량과 억양을 빈번하게 바꾸는 겁니다. '나는 방금 전 화자와는 다른 사람이야' 하는 메타 메시지가 이야기 내용보다 더 중요했던 겁니다.

저는 그게 너무나도 귀에 거슬렸던 겁니다. 아마 본인들은 자각하지 못한 채 그랬겠지만 말입니다. 여러분도 시험 삼아 중고등학생들 몇 명이 모여서 대화하는 옆에 서서 엿들어보세요. 그들이 다른 친구와 억양을 맞추지 않고, 음의 파형을 다르게 하기 위해 무의식적으로 노력하고 있다는 걸 알 수 있을 겁니다. 혹은 누군가 꺼내 놓은 화제로 분위기가 달아오르려 하면 다른 화제를 꺼내 그 화제로 집중되는 것을 방해하려는 사람이 있습니다. 타인이 꺼낸 화제를 쫓는 것은 '개성적이지 않다'고 생각하는 것이겠죠. 어쨌든 요즘 아이들은 무의식적으로 그러고 있는 겁니다. 자신을 옆 사람과 차별화 하기, 타자에게 공감하지 않는 것에 높은 비용을 지불합니다. 확실한 것 같습니다.

이지메의 집단 역학

'이지메' 이야기로 다시 돌아가겠습니다. 앞에서 다룬 것처럼 이지메는 집단을 형성하는 능력의 결핍이 표출된 것이라고 봐도 좋지 않을까 싶습니다.

이지메에만 고유한 문맥이 있는 게 아니라 집단 형성에 대한 기피와 집단을 만들지 않으면 안 된다는 강박이 서로 뒤엉켜 매우 불안정한 집단적 심리상태가 되고 마는 것입니다. 그 상태가 사소한 계기로 균형을 잃게 되면, 경우에 따라 이지메라는 형태로 발현됩니다. '집단에 익숙하지 못한 개체'와 '집단에 과잉 적응한 개체' 양쪽을 표적으로 삼습니다. 집단에 녹아들지 못하는 개체가 배제와 공격의 대상이 된다는 논리는 누구나 압니다. 그러나 쉽게 알기 어려운 것은 집단에 과잉 적응한 덕분에 타인과 개체 식별이 안 되는 개체 또한 쉽게 이지메 대상이 된다는 사실입니다.

심리학자의 설명도 있겠지만, 저는 지금의 아이들이 '집단 형성하기'

와 '개체로서 홀로 있기'라는 두 가지 요청을 동시에 받아들여서 깊은 혼란 상태에 놓인 것이 이지메라는 병적 상황의 바탕에 있지 않을까 생각합니다.

아이들은 보통 먼저 '집단 형성'의 즐거움을 알게 됩니다. 타자와 공共신체를 형성하면 어떤 현상이 나타나나요? '이심전심'이 그 기본형이지요. 서로 설명하지 않아도 친구의 기분이 전해져오고, 친구의 쾌감과 고통을 생생하게 공감하고, 보지 않았는데 보이는 느낌이 들고, 들리지 않는 소리가 들리는, 그런 느낌으로 '자아의 확대'를 경험합니다. 이는 아이에게 일종의 전능감을 느끼게 하며 아이들을 사로잡습니다. 어린아이들을 그냥 두면 반드시 어느샌가 가까이 와서 똑같은 도구를 상대방 신체에 갖다 대며 놀기 시작하는데, 그것은 집단 형성이 자아의 확대를 가져오기 때문입니다. 아이들에게 개성적으로 돼라고 하는 건 그 다음이어야 한다고 생각합니다. 아이들을 개성적으로 키우는 것도 물론 중요하지만, 그 전에 하지 않으면 안 되는 일이 있다는 겁니다. 바로 다른 사람과 하나의 공共신체를 나누어 갖는 경험입니다.

아이들은 공共신체 형성으로 자신이 '큰 네트워크 안의 하나의 결절점'이라는 감각을 익힙니다. 개성이 출현하는 것은 그 뒤입니다. 네트워크 안에서 어떤 행동을 하면 네트워크의 운동과 기능이 변화합니다. 자기가 던진 돌멩이 한 개가 네트워크를 움직이는 것입니다. 그런 경험을 쌓아감으로써 아이들은 집단의 메커니즘을 이해하게 됩니다. 오해받기 쉬운 비유입니다만, 조직의 톱니바퀴가 되면서 비로소 조직을 움직이는 톱니바퀴 장치의 성립을 알 수 있습니다.

그러나 지금의 교육 현장에서는 아이들에게 집단 형성의 기술을 가르치는 것과 동시에, 혹은 그보다 빨리 '개성의 발현'이라는 과제가 부과됩니다. 또래친구들과 먼저 집단을 형성하고 그들과 호흡을 맞추고 감각을 공유하고 하나의 공共신체를 만들어내는 데 전념해야 할 시기에 오히려 '집단을 만들지 마라, 멍청하게 다른 사람에게 공감하지 마라, 개별화 해라, 자신만의 태그를 만들어 붙여라, 자신이 받아야 할 보상을 타인과 나누지 마라'는 글로벌 자본주의의 '인사 규칙'이 어린 아이들에게까지 침투하고 있습니다.

아이들도 그런 말을 들으면 어떻게 해야 좋을지 당황스럽습니다. 눈에 띄는 개체는 이지메 대상이 되고, 반대로 무개성적인 개체 역시 이지메 대상이 됩니다. 아이들은 이 이중구속적인 상황에서 살아남기 위해 나름의 생존전략을 찾지 않으면 안 됩니다. 앞에서 말한 '상호모방 하지 않는 방식을 상호모방 하는 움직임'이라든지, 콘텐츠를 공유하고 억양을 바꾸는 화법 같은 행동들은, 빠져나갈 길이 없는 상황에서 선택한 일종의 '해결책'이라고 생각합니다. 이것이 스가 선생이 말했던 1980년대부터 아이들이 보이는 행동의 의미를 전혀 알 수 없게 된 상황, 그 바탕에 있는 메커니즘이 아닌가 합니다.

문제는 '이지메를 어떻게 할 것인가'가 아닙니다. 교실 전체, 학교 전체, 넓게는 사회 전체에 준準이지메적인 상황이 만연하고 있습니다. 시약 한 방울만 넣어도 결정이 생겨나듯이, 또래집단에서 소소한 부적

응, 소소한 적응과잉을 보이는 아이는 이지메의 표적이 될 가능성이 있습니다. 잠재적으로는 모두가 모두에게 먹잇감이고 동시에 포식자라는, 믿을 수 없을 만큼 스트레스로 가득 찬 상황이 지금의 교육 현장이라 생각합니다. 이런 큰 틀에 동의한다면 앞으로 이 문제를 어떻게 다뤄야 할지도 전망할 수 있지 않을까요.

학교가 해야 할 가장 중요한 역할은, 아이들이 더불어 사는 기술을 익히기도 전에 어서 빨리 원자화·모래화·개별화 하라는 압력을 행사하는, 글로벌자본주의의 파도를 막는 '방파제'가 되는 겁니다.

글로벌 자본주의에 맞서는 방파제

글로벌자본주의가 어떻게 아이들의 원자화를 재촉하는지 지금까지 여러 번 말씀드렸습니다만, 이야기 흐름상 한 번 더 간단하게 말씀드리겠습니다.

1980년대부터 사회 전반에 '나다움은 상품 구매로만 표현할 수 있다'는 이데올로기가 퍼지기 시작했습니다. 그때까지 소비 단위는 가족이었습니다. 가족이 소비 단위일 때는 소비 활동이 그다지 활발하지 않습니다. 소비에 앞서서 '가족의 합의'가 필요하니까요. 혹 여윳돈이 생기면 아빠는 차를 바꾸고 싶다고 하고 엄마는 냉장고를 새로 장만하고 싶다고 하고 할아버지, 할머니는 묘를 세우라고 하는 상황일 때, 전체 합의가 이뤄지지 않으면 소비는 억제됩니다. 결과적으로 소득은 충분하지만 어느 누구도 만족스러워하지 않는 소비 행동-다 같이 회전초밥을 먹으러 가는 것으로 끝을 낸다든지-이 서로의 타협점이 됩니다. 이는 가족 전원에게 유쾌하지 못한 결론인 동시에 시장도 유쾌하지 않은 결론입니다. 물건이 안 팔리기 때문이죠.

따라서 시장은 소비 행동의 최대 억제 요인인 '가족의 합의'라는 과정을 없애는 방법을 생각해냅니다. 간단합니다. 가족을 해체하면 됩니다. 가족 전원이 저마다 자신의 기호에 따라 상품 구매를 하면 소비 행동은 급격하게 빨라집니다. 소비 단위의 사이즈를 작게 할수록 소비 활동은 활발해집니다. 논리적으로는 자명합니다.

그렇게 관官과 민民이 힘을 합쳐 '나답게 살기' 캠페인을 20년에 걸쳐 전개합니다. 자기가 좋아하는 방을 자기가 좋아하는 인테리어로 꾸미고, 자기가 좋아하는 음악을 틀고, 자기가 좋아하는 요리를 자기가 좋아하는 그릇에 먹고, 자기가 좋아하는 시간에 일어나 자기가 좋아하는 시간에 잠들고, 좋아하는 때에 좋아하는 장소에서 좋아하는 친구들과 혹은 연인과 놀거나 여행을 합니다.

훌륭하죠. 자기답게 산다는 것은 요컨대 누구의 동의도 없이 상품 선택을 스스로 결정할 수 있는 겁니다. 제가 주장하는 것이 아닙니다. 중앙교육심의위원회에서 기업 메일까지, 남성전문지에서 페미니스트까지, 모두가 그렇게 외쳤습니다.

전 국민을 끌어들인 '나답게 살기' '개성적으로 살기' 캠페인에서 어느샌가 소비를 할 때 동의가 필요한 타자와의 공생은 '좋지 않은 것'이 라는 국민적 합의가 성립됐습니다. 결혼하지 않거나 혹은 늦게 하거나 아이를 갖지 않는 사회 분위기는 이 합의에 기초한 논리적 귀결입니다.

옛날부터 '혼자서는 밥을 해먹을 수 없어도 두 명이면 해먹을 수 있다'고 했는데, 가족을 만들면 돈을 쓰지 않게 됩니다. 두 명이 먹을 반찬을 집에서 만들면 혼자서 외식하는 돈의 절반 이하로도 해결할 수 있습니다. 누구나 경험적으로 알고 있습니다. 소비 주체의 사이즈가 커지면 커질수록 소비 활동은 둔화합니다.

예를 들면 '소비자 금융'이 비즈니스로서 성공한 것은—아무도 말하지 않는 것입니다만—가족이 해체되었기 때문입니다. 옛날부터 돈이 없으면 친척에게 빌리러 갔습니다. 그러면 "그 돈을 어디에 쓸려고?"부터 시작해서 "아무리 봐도 너는 계획성이 없다"면서 듣고 싶지 않은 설교를 들어야 했습니다. 지금은 가족이 해체되어 돈을 빌려줄 친척이 없어졌고, 그래서 소비자 금융이 등장했습니다.

"예전부터 갖고 싶었던 피규어가 야후 옥션에 나와서 750만 원이 필요해. 그 돈을 빌리고 싶어"라는 의견이 가정 내 합의를 얻을 수는 없습니다. 타자의 합의가 필요하면, 대부분 돈을 빌리지 않습니다(아니 빌릴 수가 없습니다). 돈을 빌릴지 말지 자기가 결정할 수 있게 되면서 자연스레 시장의 화폐 유통량도 증대했습니다.

그런 식으로 나다운 소비 생활과 가족 해체의 돌이킬 수 없는 과정에서 글로벌 자본주의는 매우 번창하였습니다. 지금 우리가 직면한

'저출산'이나 '결혼하지 않는 것'도 그 효과입니다. 개인이 주체적으로 선택한 삶도 아니고, 그렇다고 누군가가 강요한 삶도 아닙니다. 모두가 똑같은 이데올로기 위에서 즐겁게 춤을 추고 있다 보니 그렇게 돼버린 겁니다.

이야기를 다시 교육으로 돌리기로 하죠.

초중등교육이 황폐하게 된 것은, 다름 아닌 '나다움' 이데올로기가 민관합동 캠페인으로 전개되기 시작했을 때와 그 호흡을 같이 합니다. 우리가 직면한 문제를 정식화하면, 앞에서 말했던 것을 다시 한 번 반복하게 됩니다만, 이것은 '글로벌 자본주의가 우리에게 요청하는 삶의 방식을 어떻게 학교 바깥으로 밀어낼 수 있을까'에 집약되어 있습니다.

학교를 어떻게 방파제로 구축할지에 대해서는 앞으로도 계속 시간을 내서 함께 생각해봐야 할 것 같습니다.

9

진로교육이
빠진 함정

노동의 장場은 협동의 장입니다.
그곳에 있는 사람에게 요구되는 것은
입시학원에서 요구되는 '한 사람만을 부각시켜
주위 사람을 평범하고 어리석은 사람으로
보이게 하는' 지식과 기술이 아닙니다.
그 반대입니다. 그 사람이 거기에 있으면
그 감화력으로 주위 사람들이 조금이라도
더 활력을 찾고 조금이라도 반짝거릴 수 있는,
'집단의 에너지를 높이는 지식과 기술'이
무엇보다도 필요합니다.다.

수험 활동과
취업 활동의 차이

─────────── 제가 있는 대학에서 진로교육에 관한 새로운 프로젝트를 입안하여 문부성에 연구 프로젝트를 신청했는데 채택이 되었습니다. 일 년 전부터 저도 참가해서 논의를 거듭한 끝에 만든 프로그램입니다.

채택되어 돈을 받게 된 것은 기쁜 일이지만, 변함없이 제 마음속에는 의문이 남아 있었습니다. 이른바 '진로교육·직업교육'을 대학 교육 과정에 도입하는 것이 옳은지, 아무래도 생각이 정리되지 않습니다.(그보다도 제 자신이 '진로지도는 무엇인가'라는 물음에 제대로 대답을 내놓지 못하는 게 마음이 정리되지 않는 이유입니다만, 이 문제는 좀더 뒤에 다루기로 하죠.)

이른바 '진로지도'에 충실하도록 요구하고 있는 것은 재계입니다. 국가에서 꼭 필요로 하는 인재 육성까지는 아니더라도 '즉시 써먹을 수 있는 인재'를 보내 달라고 재계는 강하게 요구합니다. 이는 입사해서 곧바로 현장에서 일할 수 있을 정도의 기능과 지식을 갖추고 있어야 한다는 식으로 보통 해석합니다만, 실제로 지식과 기능만으로는 현장에서 바로 일을 해내지 못합니다. 무엇보다도 입사하는 시점에 그들이 '일하는 동기'를 갖추고 있지 않으면 얘기가 안 됩니다. 진로교육에 대해 재계가 까다롭게 요구하는 것도 대학 졸업생에게 기능과 지식이 부족해서가 아니라―실제로 꽤 부족하긴 합니다만―'동기'가 제대로 내면화되지 않아서 현장이 거기에 대처하느라 곤란을 겪기 때문입니다.

"사람은 왜 노동을 해야 할까?" 하는 근원적인 물음이 해소되지 않은 채로 입사해서 작은 실수로 '나는 왜 이런 일을 하지 않으면 안 되는 걸까?' 하고 자문하게 되면서, 그제사 자신이 대답을 갖고 있지 않다는 것을 자각하고 놀랍니다.

동기를 갖게 하는 진로지도는 요컨대 졸업과 동시에-종종 재학 중에도-니트족이나 프리터족이 되거나 취직 직후에 이 직장, 저 직장을 옮겨 다닐 것 같은 학생에게 '일하는 동기'를 고취시키는 교육을 말합니다. 그런데 '일하는 동기'란 도대체 무엇일까요? 또 '대학이 취직학원처럼 되어도 괜찮을까'라는 문제 제기도 있는데, 정말로 그래도 괜찮은 걸까요?

저는 좋지 않다고 생각합니다. 애당초 대학이 취직학원처럼 되면서 졸업생들에게 '일하는 동기'가 고취되었느냐 하면, 저는 아무리 생각해도 그렇지 않다고 봅니다. 오히려 대학이 취직학원화 될수록 졸업생들은 이 직장 저 직장을 옮겨 다닐 가능성이 높아질 것이라는 느낌이 듭니다. 가장 근원적인 문제는 '공부하려는 동기'와 '노동의 동기'가 전혀 다른 것이라는 겁니다. 이것을 진로교육 혹은 진로지도 관계자 분들은 거의 이해하지 못하고 있다고 봅니다.

공부와 노동은 전혀 별개의 것입니다. 그것을 '수험과 노동'이라는 민물과 바닷물이 섞이는 지역에 있는 활동을 통해서 고찰해봅시다.

대부분의 학생들은 취직활동을 시험공부와 똑같은 것이라고 생각하고 출발선에 섭니다. 취직활동도 곧 경쟁이라고, 다시 말해 우수하다고 판정받은 사람이 선택되고 그렇지 않다고 판정받은 사람은 떨어지게 되는 개인 능력의 '등급 매김'이라고 생각합니다. 그렇다고 한다면 어릴 때부터 쭉 해온 것이기 때문에 학생들에게는 익숙한 선별 시스템입니다. 그 사고방식을 유지해야 취직에 성공할 거라고 학생들은 생각합니다. 그리고 3학년 가을부터 취직 준비를 위해 막 달리기 시작합니다. 하지만 4학년 봄이 되면 어떤 사람은 취직이 되고 어떤 사람은 아무리 시간이 지나도 취직이 안 되는 일이 일어납니다.

그런데 공부의 경우는 다릅니다. 공부는 하면 한 만큼 그 노력에 대한 성과가 나옵니다. 그런 점에서 꽤 심플한 선형 방정식입니다. 입력을 두 배로 하면 출력도 두 배가 된다, 그만큼 간단한 것은 아니지만 노력하면 보상을 받는다, 공부에 할애한 시간만큼 보상을 약속 받는다는 점에서 취업 준비와 다릅니다.

교사에 대해 학생들이 입에 담는 가장 큰 불신의 말은 "저 선생님은 성적 매기는 기준이 자기 마음대로야" 같은 것입니다. 누가 봐도 공부를 안 한 학생에게 합격점을 주거나 혹은 아주 열심히 한 학생에게 낙제점을 주면, 학생들이 불신의 눈으로 볼 수밖에 없습니다. '노력과 성과의 상관관계'가 지켜지지 않는 평가는 학생들에게 공부를 동기화하는 가장 기본을 훼손시키기 때문입니다. 성적 사정에서 '노력과 성과의 상관관계'는 교육의 장場이 되기 위한 필수 조건 중 하나입니다. 그런데 취업활동에서 학생들은 처음으로 '노력과 성과가 상관이 없다'는 경험을 하게 됩니다. 3학년 가을부터 4학년 봄에 걸쳐 학생들이 얼마나 깊은 혼란에 빠지는지, 저는 현장에 있기 때문에 잘 알고 있습니다.

취업활동에서는 왜 저 사람이 채용된 건지 알 수 없는 사람이 채용되거나 떨어질 리가 없는 사람이 떨어집니다. 취업활동을 함으로써 비로소, 학생들은 어떤 기준에서 합격과 불합격 결정이 이루어지는지, 수험생에게는 알려지지 않는 선발시험을 경험하게 됩니다. '그런 것'이 존재한다는 것을 그들은 지금까지 생각해본 적이 없을 겁니다. 하지만 분명히 세상에는 그런 것이 있습니다. 합격, 불합격의 기준은 그들이 모를 뿐이지 실은 누가 보더라도 명확합니다. 그것은 수험공부에서의 합격, 불합격을 결정할 때의 기준과는 전혀 다릅니다. 먼저 그것을 납득해야 이야기가 됩니다.

수험공부는 앞에서 말했습니다만 '개인 능력의 등급 매기기'입니다. 그런데 취업에서 합격의 기준은 개인 능력의 등급 매기기가 아닙니다. 놀랍게도!

면접에서 합격과 불합격의 기준

── 이전에 큰 출판사의 베테랑 편집자들과 밥을 먹을 기회가 있었습니다. 그때 마침 취업 시즌이었기 때문에 편집자들에게 "여러분은 면접을 볼 때 어떤 기준으로 합격, 불합격을 결정합니까?" 하고 물어본 적이 있습니다. 인사에 관련된 중요 정보를 알

아내서 학생들에게 알려주려고 생각했더랬습니다.

그들은 모두 지금까지 수백 명을 면접해온 경험자들입니다. 그들이 이구동성으로 말한 것은 첫 대면 후 5초 만에 합격자가 결정된다는 것입니다. 수험생이 문을 열고 들어와서 의자에 앉아 "안녕하세요!" 하고 인사를 할 때 이미 합격 여부가 판가름 나는 겁니다. 남은 시간은 불합격인 사람을 어떻게 기분 좋게 퇴실시키느냐 하는 '서비스 시간'이라고 합니다. 시험에 떨어진 사람이라 할지라도 이후로도 쭉 그 출판사의 잠재 고객이기 때문에 '이제 앞으로 저 출판사 책은 사지 않을 거야'라는 기분으로 돌아가서는 곤란합니다. 그래서 떨어지는 것이 정해진 사람을 상대할 때는 이야기를 재미있게 이끌어가려고 한답니다. 그리고 부드러운 분위기로 이끈 상태에서 퇴실을 시킨다고 합니다.

그러고 보니 면접 후에 "와, 이야기가 정말 잘 통하고 재미있었다"며 싱글벙글인 사람이 떨어지는 경우가 많은데, 무대 뒤의 실상은 그런 거죠. 역으로 합격이 결정된 사람에게는 더 이상 볼 일이 없는 셈입니다. 그래서 면접관도 별 이야기를 하지 않습니다. 면접관도 왠지 빨리 이야기를 끝내려고 하기 때문에 '아, 떨어진 모양이다' 생각했는데 나중에 합격했다는 이야기를 듣는 경우가 자주 있죠.

그런데 그 5초에 어떻게 결정이 되는 걸까요? 애당초 뭘 보고 결정하는 걸까요. 구직 활동을 하는 학생들에게는 이해 불능이지만 사실 간단합니다. 이 사람과 함께 일할 때 즐겁게 일할 수 있는지 없는지가 판정 기준입니다.

비슷한 경우로 제 연구실에는 세미나에 참여하기 위해 80명 정도가 면접을 보러 옵니다. 받아들일 수 있는 상한이 15명인데 저희 연구실이 제1지망이 아닌 학생도 있으니까 면접 단계에서 일단 20명 정도 뽑고 나머지는 돌려보냅니다. 어떤 기준에서 그렇게 하는 걸까요.

이런 경우가 있었습니다. 연구실에서 면접을 하는데 회의가 길어져서 제가 면접 시간에 늦어버렸습니다. "미안해요 늦어서!" 사과하고 문을 열려고 하니까 "치!" 하고 혀를 차는 학생이 있습니다. 이 학생은 그 순간 불합격으로 결정되는 거죠. 면접이 시작되기도 전에 불합격인 겁니다. 학생들이 들어와서 "적당히 앉으세요" 했을 때 입구 근처 의자에 털썩 앉아서 나머지 학생들이 지나가는 길을 막는 학생이 있습니다. 그 친구 탓에 복도에 있는 학생이 안으로 들어갈 수가 없는 거죠. 이 친구도 불합격. "저는 다음에 수업이 있기 때문에 먼저 면접을 보면 안 될까요?" 하며 갑자기 이야기를 꺼내는 학생도 불합격. 면접 보러 온 사람 중에 아는 사람이 있다는 걸 알고 주위 신경 쓰지 않고 큰 소리로 떠들기 시작하는 학생도 불합격. 아시겠죠, 제 기준을.

실제로 세미나를 시작했을 때 세미나의 대화 분위기, 호혜적 분위기를 망가뜨리는 학생은 연구실 세미나생으로 받아들이지 않습니다. 그 학생이 개인적으로 능력이 아주 뛰어나다 해도 모두가 기분 좋게 공부하는 것을 방해할 가능성이 있다면 저는 그런 학생은 받지 않습니다.

면접 시작 전에 이미 ×표가 붙은 학생은 아마도 여기서도 수험공부와 똑같은 룰이 적용된다고 생각했겠죠. 면접은 개인 능력의 등급 매기기라고. 그래서 중고등학교 시절에 몸에 익힌 경험치를 적용할 수 있을 거라고. 물론 학교에서는 교실에 늦게 들어온 교사에게 혀를 찬 것을 이유로 테스트 점수를 – 적어도 의식적으로 – 깎는 교사는 없을 겁니다. 또 학습 환경을 '합법적으로' 방해함으로써 경쟁 상대의 실력을 떨어뜨리며 상대적 우위에 서는 것도 학교에서는 허용됩니다. 하지만 유감이지만 세미나는 입시학원의 진학 클래스가 아닙니다. 여기는 이미 '실제 사회'의 선험적인 형태입니다. 여기는 경쟁의 장이 아니라 협동의 장입니다. 개인적으로 능력이 뛰어나도 집단의 능력을 높이는 데 공헌할 수 없는 사람은 이곳에 받아들일 수 없습니다.

노동의 장은
협력의 장

사회 활동이라는 것은 협동이지 경쟁이 아닙니다. 이 글을 읽고 계신 사회인 여러분들은 마음속 깊이 느끼고 계시리라 생각합니다만, 대학생이나 대학원생 여러분들은 이것을 먼저 알아주셨으면 합니다.

집단의 구성원들이 각각의 전문 지식과 기술을 제공하여 그 협동의 성과를 모두가 나누고, 리스크도 손실도 모두 나누는 것이 노동 시스템입니다. 노동의 장은 그런 시스템에 적응할 수 있는 사람을 선택하려고 합니다.

그래서 진정한 비즈니스를 추구하는 비즈니스맨은 개인적 능력은 그다지 높지 않지만 주위 사람의 성취도를 높일 수 있는 유형의 사람을 협동성이 결여된 유능한 사람보다 우선으로 채용합니다. 수험공부에서는 있을 수 없는 일이죠.

야마다 군은 어떤 교과에서 늘 100점을 받습니다. 스즈키 군은 80점밖에 받지 못합니다. 하지만 스즈키 군은 늘 빵점만 받는 옆자리의 사토 군이 안됐다고 생각해서 공부하는 방법을 가르쳐줘서 사토 군이 30점을 받을 수 있게 되었습니다. 100점의 야마다 군이 80점의 스즈키 군보다 높은 평가를 받는 것은 수험에서는 당연한 일이지만 노동의 장에서는 다릅니다. 노동의 장에서는 스즈키 군의 점수에는 그의 지원으로 성적이 오른 사토 군의 점수 30점이 가산됩니다. 그래서 스즈키 군은 야마다 군보다도 높은 순위에 랭크되는 것입니다.

이제 면접관이 5초 안에 결정할 수 있는 이유를 아셨습니까?

그들은 지금 눈앞에 서 있는 수험생이 거기에 있는 덕분에 자기 기분이 조금 더 좋아졌는지 나빠졌는지 음미하고 있는 겁니다. 수험생을 체크하는 것이 아니라 자신의 신체 감각을 체크하고 있는 거지요. 사람이 문을 열고 의자에 앉을 때까지의 시간으로 그 사람이 주위 사람의 기분을 가볍게 해주는 사람인지, 주위 사람을 침울하게 할 사람인지 대략 아는 겁니다. 문을 열고서 면접이 시작될 때까지 이른바 면접장에 신체를 익숙하게 할 때까지의 '몇 초간'만이라도 그 사람이 동시에 입실하는 사람의 동선을 막을 유형의 사람인지, 면접장이 제대로 정돈이 안 되었을 때 혀를 차는 유형의 사람인지 아는 것입니다. 미안한 말이지만.

노동의 장은 말을 바꾸면 협동의 장입니다. 그곳에 있는 사람에게 요구되는 것은 입시학원에서 요구되는 '한 사람만을 부각시켜 주위 사람을 평범하고 어리석은 사람으로 보이게 하는' 지식과 기술이 아닙니다. 그 반대입니다. 그 사람이 거기에 있으면 그 감화력으로 주위에 있는 사람들이 조금이라도 더 활력을 찾고 조금이라도 반짝거릴 수 있는, '집단의 에너지를 높이는 지식과 기술'이 무엇보다도 필요합니다.

그래서 취업 활동에서 면접을 잘하는 비결은 간단하다고 하면 간단하다고 학생들에게 항상 그렇게 말하고 있습니다. 자신을 잘 보이려고 하지 말고 그곳에 있는 모든 사람들이 — 함께 면접을 보러 온 경쟁자들을 포함해서 — 기분이 좋아질 수 있도록 행동하는 겁니다.

집단 면접에서 토론 같은 걸 할 때 주위 사람을 침묵하게 만들고 혼자서 떠드는 사람은 그 면접을 주최하는 곳이 제대로 된 조직이라면 '노땡큐'입니다.(그런 학생을 우선적으로 채용하는 기업은 머지않아 망할 거니까 안심하세요. 그런 점에서는 '시장은 틀리지 않다'는 말은 정말입니다.) 오히려 모두 기분 좋게 이야기할 수 있도록 분위기를 만드는 유형의 사람이 높게 평가 받습니다. 누구도 이해할 수 없는 농담에도 빙긋 웃어준다든지 하는 그런 사람 말이죠.

어쨌든 취업활동에서 학생들은 그때까지 경쟁 과정에서 배워온 것과는 전혀 다른 기준으로 선별되는 경험을 합니다. 만약 '진로교육'이라는 것이 필요하다고 하면 저는 제가 지금 한 이야기를 학생들에게 들려주는 것이 가장 현실적이라고 생각합니다. 일을 한다는 것은 무엇을 뜻하고, 그 장場에서는 어떠한 종류의 인간적 자질이 평가되는지, 그것을 가르치는 것이 진로교육이라고 한다면 저는 진로교육을 충실히 하는 것에 대찬성입니다.

하지만 문부성과 재계가 생각하고 있는 진로교육은 전혀 그런 것이 아닙니다. 그들은 변함없이 '개인의 부가가치를 어디까지 올릴 것인가'만 말하고 있습니다. 그리고 대학도 '노동시장에서 졸업생=노동자의 몸값을 어디까지 올릴 수 있을까'에 초점을 맞춘 교육을 진로교육이라고 믿고 있습니다. 이러한 진로교육의 결과로 대량의 전직자와 이직자가 구조적으로 탄생하는 것은 당연합니다.

능력이 뛰어날수록
이직률이 높은 까닭

능력이 있는 만큼 이직한다, 미국에서는 그런 모양입니다. 한 직장에 오래 붙어 있는 사람은 변변치못한 사람이다, 노동자는 탁월한 개인적 능력에 의해 스카웃되는 것이 바람직하다, 계속해서 더 좋은 조건의 제안이 들어오는 사람이 노동시장에서 성공한 사람이다, 그런 생각이 미국에는 널리 퍼져 있습니다.

이런 생각들을 일본에도 그대로 들고 들어온 사람들이 있습니다.

악명 높은 '글로벌리스트globalist' 여러분입니다. 이런 사람들은 이미 역사적 검증을 받아 머지않아 사회적 영향력을 잃을 거라서, 지금에 와서 물에 빠진 개를 두드리는 일은 하고 싶지 않습니다만, 이야기 맥락상 왜 '이런 생각'이 일본인의 노동관에 침투해 들어와서 노동관을 왜곡시켰는지에 대해서 할 말은 해야 한다고 생각합니다.

아시는 바와 같이 4월에 막 입사한 신입사원들 상당수가 5, 6월이면 이미 이직 사이트에 등장하고, 주말이면 이직 세미나 설명회에 다니는 풍경은 이미 '봄의 볼거리'가 되었습니다. 그런데 왜 들어간 지 얼마 되지 않았는데 이직하고 싶어지는 걸까요? 이직 희망자들이 하는 말 대부분은 물론 "이런 재미없는 일을 하기 위해서 회사에 들어온 것이 아니다"입니다만, 또 하나 입에 담는 것이 "평가가 늦다"입니다. 이 말은 전에 이야기한 '보람'이라는 말에 이어진 것입니다. '평가가 늦으면 안 된다. 좀더 보람 있는 일을 하고 싶다.'

이때 '보람 있는 일'이란 이전에 내린 정의에 의하면 '개인의 노력이 보상과 바로 연결되는 일'을 가리킵니다. 일하는 방식을 자기가 결정할 수 있고 결과에 대해서도 자기 책임, 즉 이익이 오르면 모든 것을 점유할 수 있고 손실이 나도 누구도 책임을 나눠 지지 않는 일, 그것이 보람 있는 일이라는 겁니다.

이것은 그대로 수험 공부의 구조라는 것을 아시겠죠. 수험 공부는 '그런 것'입니다. 정기 시험을 예로 들면, 시험 보는 날과 성적이 나오는 날도 미리 알고 있습니다. 공부하면 점수가 올라갑니다. 하지 않으면 떨어집니다. 성적은 학기말 성적표에 기록되고 정해진 날에 게시됩니다. 노력에 대한 평가가 게시되는 일시가 정해져 있습니다. 실은 이것이야말로 '수험 공부의 구조'가 갖는 두드러진 특징입니다. 이처럼 노력의 형태로 수험공부밖에 모르는 젊은이들이 '노력의 성과가 언제 어떤 형태로 돌아오는지 알 수 없는 시스템'에 갇히게 된 것입니다. 어떻게 되는 걸까요?

'시장은 틀리지 않다' '시장은 무시간 모델이다'라는 것은 비즈니스의 기본 룰입니다만 실제로는 '시장은 틀리지 않으면 좋겠다' '시장은 무시간 모델이면 좋겠다'입니다. 이것은 비즈니스맨의 영혼 깊숙한 곳에서의 바람이고 그렇게 되도록 그들은 필사의 노력을 하고 있습니다만 실제로는 좀처럼 그렇게 되지 않습니다. 변함없이 쓰레기 같은 상품이 비싼 값에 거래되고, 쓰레기 같은 비즈니스맨이 퇴출되는 데 30년이 걸리는 경우도 있습니다.

왜 그런가 하면 시장에도 역시 그 나름대로 '타성이 작용하고 있기' 때문입니다. 쓰레기 같은 상품이라 하더라도 대대로 이어온 브랜드 제품이라고 하면 "이 상품은 아주 좋은 것이다"라고 애용해주는 고마운 단골들이 있고, 형편없는 기업이라 하더라도 베테랑 관리자가 이런저런 잘못들의 뒤치다꺼리를 하면 쉽게 망하지 않습니다.

시장은 정기 시험만큼 평가가 엄정하고 빠르지 않습니다. 4월에 입사해서 5, 6월에 벌써 이직처를 찾기 시작하는 신입사원은 혹 4월에 시행되었는데 5월이 되어도 6월이 되어도 성적 발표가 없는 입학시험을 치르는 기분일지도 모릅니다. 노력에 대한 평가가 왜 빨리 게시되지 않는 걸까, 그들은 이해할 수 없습니다. '우리 부서의 과장보다 내가 훨씬 더 일을 잘하므로 직책을 바꿔야 한다' 같은 자기평가가 곧바로 현실화되지 않는 것이 아마도 "평가가 늦다"라는 말로 나오는 것이겠죠.

수험공부와 일의 또 다른 차이는 원칙적으로 보상이 집단에게 돌아온다는 것입니다. 수험공부의 경우 개인의 노력은 개인의 성적으로 게시됩니다. 하지만 협동작업인 일의 경우 플러스의 공헌도 마이너스의 실책도 개인의 성적으로 게시되지 않습니다. 그리고 대부분의 사람들은 외부평가보다 자기평가를 높게 하고 있어서, "나는 이렇게 일을 열심히 하고 옆에 있는 사람은 일을 거의 안 하는데도 왜 월급이 똑같은 거야" 하면서 그 부조리를 견딜 수 없어 합니다.

분업화와 개인화

죠 시게유키城繁幸의 책 『청년들은 왜 3년 만에 그만두는 것일까?』를 읽고 통감한 것입니다만, 이 책에 나오는 이직자와 전직자들은 노력의 성과가 개인에게 그대로 돌아오는 시스템을 요구하고 있습니다. "내 리스크는 내가 감당하고 내 이익도 내가 받겠다" 그런 시스템이라면 일을 하겠는데 다른 사람이 내 노력의 성과를 옆에서 가로채는 시스템이라면 일하고 싶지 않다는 것이죠.

그 결과 이 사람들은 모듈화된 일을 선호하게 됩니다. 이유는 아시겠죠. 모듈화되어 있다는 것은 일을 하는 방식에 대해 누구의 동의를 구하지 않아도 되기 때문에 어떤 일을 얼마만큼의 시간을 들여서 해도 그것은 자기책임입니다. 한 사람이 2주에 해낼 수 있는 일을 일주일 만에 해내면 단위시간당 급료는 두 배가 됩니다. 노력과 성과가 상관관계를 이루죠.

예를 들면 두 사람이 떡을 만들고 있는데 그 일을 모듈화해서 한 사람은 반죽을 하고 한 사람은 팥소를 만들기로 했습니다. 서로 상대방의 일에 간섭하지 않고 자기가 하고 싶은 대로 하는 분업 덕분에 작업속도가 붙습니다. 자기 일이 끝나면 귀가해도 좋습니다. "떡은 맛있는데 팥소가 좀 그렇다"라는 말을 들어도 "속은 내가 만든 게 아니니까!" 하며 신경 쓰지 않을 수 있습니다. 그들이 바라는 것은 떡 전체에 관한 포괄적 평가가 아니라 개별 평가이기 때문에 이것으로 충분한 것입니다.

그러나 모듈화에는 눈에 보이지 않는 함정, 빠지기 쉬운 중대한 함정이 있습니다. '떡 반죽' 모듈을 선택했기 때문에 시중에서 파는 팥소 대신 삶은 팥을 으깨어 직접 만든 팥소로 하면 떡이 더 맛있지 않을까 하는, 옆 모듈에 관련된 의견을 낼 수 없습니다. 여기에 '딸기' 모듈을 추가해서 새로운 상품을 개발할 수도 없습니다. 모듈 변경은 매니저의 일이기 때문이죠. 모듈화한 일을 선택하고 누구에게도 간섭받지 않을 자유를 얻는 대가로 다른 사람의 일에 간섭할 권리를 내던진 셈이기 때문에 매니저가 하는 일은 원리적으로 자기 일에 포함되지 않습니다. 그런데 매니저 권한을 내던졌다는 것은 요컨대 계층조직의 하층에 자신의 포지션을 못박는 것을 뜻합니다.

누구한테든 폐를 끼치지 않는 대신에 누구한테도 폐끼침을 당하고 싶지 않은 사람은 어느 날 문득 좁은 구덩이에 웅크리고 앉아 있는 자신을 자각하게 됩니다. 안됐지만.

회색지대 업무의 중요성

비즈니스 경험이 있는 분은 아시겠습니다만 조직을 붕괴시키는 잘못은 정해진 업무 안에서는 발생하지 않습니다. 나의 일과 누군가의 일 사이의, 누구의 책임도 아닌 '회색지대'에서 발생합니다. 처음에는 그다지 큰일로도 보이지 않습니다. 몸을 조금 구부려서 주워 쓰레기통에 버리면 끝나는 것입니다. 그런데 그 대수롭지 않은 일은 누구의 일에도 리스트업 되지 않습니다. 그래서 누구의 책임도 아닙니다. "이건 내 일이 아니야!" 하면 그대로 통합니다. 그런데 그 일이 언젠가 조직 전체를 삼켜버리는 거대한 '구멍'이 되어버리는 일이 종종 있습니다.

거대한 조직이 무너지는 것은 대부분 그런 일 때문입니다. 어떤 일을 계기로 전임자가 저지른 실수가 발견됩니다. 전임자는 벌써 퇴직하고 없습니다. 그 실수를 복구하고 잘못된 부분을 전부 수정하려고 하면 큰일이 됩니다. 쓸데없는 일 때문에 본 업무에 지장이라도 생기면 자기 업무평가 점수가 내려가지요. 그러니 본인 재임 기간 중에 문제 삼지 않으면 됩니다. 뒤처리는 후임자에게 맡기자, 그런 식으로 누구도 쓰레기를 줍지 않았기 때문에 어느샌가 조직 전체가 쓰레기에 묻혀서 망하는 상황을, 우리는 거품경제 시대에 질릴 정도로 봐왔습니다.

가까이는 사회보장청(한국의 보건복지부_역자 주)이 그렇죠. 연금기록 관리를 빼먹고 있다는 건 40년 전부터 알고 있었지만, 역대 장관 누구도 자기 책임으로 처리하는 경우는 없었습니다. 모두가 본인 재임 중에만 사건으로 부각되지 않으면 된다고 생각하고 뒤로 넘긴 탓에 사회보장청이라는 조직 자체가 소멸되었습니다. 어떤 일도 처음에는 그다지 큰 실수가 아니었습니다. 그래서 그 실수는 누구의 일에도 배당되지 않고 떠맡지도 않습니다. 그렇게 내 책임이 아니라며 그냥 넘어갈 수 있다고 생각하는 사람들만 있는 조직은 머지않아 반드시 파탄을 맞습니다.

실수는 일 바깥에서 일어납니다. 누군가 처음 발견한 사람이 "아, 제가 처리하겠습니다" 하고 처리하면 그것으로 끝납니다. 그 대수롭지 않은 일을 기피하는지 아니면 처리하는지에 따라 종종 공동체의 존망이 결정됩니다. 하지만 "제가 처리하겠습니다"라고 말한 그 사람의 공헌은 아무도 모릅니다(본인도 자신이 조직을 구했다는 사실을 모릅니다).

그처럼 누구에게도 평가받지 않고 본인도 평가를 원하지 않는 일 외의 자질구레한 일을 누군가가 어느새 정리하는지의 여부가 실은 조직의 사활이 걸린 중요한 일입니다. 하지만 모듈화된 일을 선택한 사람, 자신의 일에 관해서만 평가를 구하고 보상과 리스크를 독점하기를 원하는 사람에게 이런 조직론은 애당초 이해 불능입니다.

또 하나 중요한 사실은 이 일과 저 일 사이의 회색지대에는 실패의 밑씨뿐만 아니라 성공의 밑씨도 숨어 있다는 것입니다. 혁신이라는 것은 늘 누구의 책임도 아니고 누구의 권한도 미치지 않는 곳에서 탄생하는 법입니다. 19세기 말 러시아에서 반유대주의 박해를 피해 많은 유대인들이 미국으로 갔습니다. 하지만 기존 업계는 먼저 온 이민자들의 길드가 장악하고 있었습니다. 유대인들에게는 어느 업종에도 진입할 기회가 주어지지 않았습니다. 어쩔 수 없이 유대인들은 그 누구도 비즈니스 기회가 있다고 생각하지 않던 영역에 들어갔습니다. 금융, 저널리즘, 쇼 비즈니스입니다. '틈새 시장'이라는 말이 보여주듯이 비즈니스 기회는 늘 이미 자원 배분이 끝난 시장의 틈새에서 발생합니다.

가난을 벗어나면서
잃어버린 것

─   실수도 기회도 모두 틈새에서 발생한다는 이 경험치가 지금 우리 사회에서 진행되고 있는 위기와 조직 정체의 이유를 설명하고 있다고 생각합니다.

개인의 원자화, 다들 모래알갱이처럼 뿔뿔이 흩어지는 현상이 급속하게 진행되면서, 자기결정 또는 자기책임의 주문에 걸려들어 모듈화된 업무를 할 때야 비로소 자기다움을 찾을 수 있다고 생각하는 사람들이 점점 늘어나고 있습니다. 자기결정과 자기책임, 개성에 대한 병적인 집착, 협동이라는 삶의 방식에 대한 강한 기피와 그것이 가져오는 더불어 살아가는 능력의 결핍이 젊은이들을 비정규직 고용과 열악한 노동조건으로 내몰고 있는 것이지요.

언젠가 피시방 난민을 취재한 기사 중에 "여기서 6개월째 먹고 자는 사람이 30명이나 있습니다" 하고 호소하던 한 청년의 인터뷰를 읽고 놀랐습니다. 뭐라고? 30명이나 있다고? 그리고 똑같은 곤경에 내몰려 있는 사람이 30명이나 있는데 그중에서 한 명의 동료도 찾을 수 없었다는 데 저는 더 놀랐습니다. 왜냐하면 피시방이라는 곳은 하룻밤 자는 데 7천5백 원 정도 하는데 한 달이면 65만 원입니다. 교외라면 욕실이 달린 아파트를 빌릴 수 있는 돈입니다. 친구를 4명만 모으면 한 명당 15만 원 정도로 욕실이 있고 다다미가 깔린 집에서 잘 수 있는데 왜 그렇게 하지 않을까, 그것이 참으로 이상했습니다.

저는 학생 시절 동안 내내 방을 나누어 쓰면서 지냈습니다. 그때 습득한 것은 '함께 사는 동료의 수가 많을수록 거주 환경(의식주 환경)이 좋아진다'는 것입니다. 음식의 질이 좋아지는 것은 누군가가 돈이 있을 때 식품을 사두기 때문이고, 옷차림이 나아지는 것은 친구의 외투와 스웨터를 빌릴 수 있기 때문입니다.

도시에서 혼자 살 때는 어쨌든 친구를 만들고 상부상조하는 공동체를 만들어 얼마 안 되는 자원을 공유해서 몸을 지키는 것이 우리 시대의 상식이었습니다. 누군가가 예상치 못한 수입이 생기면 모두에게 한턱 낸다든지, 누군가가 아프면 건강한 사람이 간병하는 것이 가장 합리적인 솔루션이었습니다. 하지만 '잃어버린 세대' 관련한 책들을 읽어 보면 도시에서 고독하게 사는 가난한 청년이 살아가는 데 가장 합리적인 그런 솔루션을 채택하는 일은 거의 없었습니다.

가난하고 비정규직이어서 여자 친구가 생기지 않는다는 건 이해가 갑니다. 하지만 가난하고 비정규직이어서 친구가 없다는 논리는 이해할 수 없습니다. 그런 경우야말로 친구 만들기가 사활이 걸린 중요한 일일 텐데 말이죠. '친구를 만드는 능력을 계발하는 것'이 무엇보다 급선무인 과제가 될 텐데요.

좌익운동은 사회이론으로서는 결함이 많지만 '약자와 가난한 자의 연대'를 근본 원리로 삼고 있는 것은 옳다고 생각합니다. '연대'라는 것은 '하고 싶다, 하고 싶지 않다'처럼 개인의 선호 수준의 문제가 아니라 '하지 않으면 안 된다'는 당위입니다. 적어도 1970년대까지는 그랬습니다. 공동체를 형성하는 능력, 조직을 만들고 타자와 협동하는 능력은 아이들이 최우선으로 계발해야 하는 인간적 자질이었습니다.

시이나 마코토椎名誠의 책 『애수의 거리에 안개가 내린다』는 1970년대 말, 도쿄의 해가 들지 않는 다다미방에서 두 명의 친구와 같이 살았던 극빈 시대의 회상록인데, 돈 없고 여자 친구도 없고 미래가 보이지 않는 상황에서도 같은 역경을 겪고 있는 친구들이 있으면 축제 같은 나날들로 경험된다는 사실을 잘 그리고 있습니다. 책에 나오는 가난한 자들의 공동체는 그 시대에 무수히 많았습니다. 제가 학생 시절 신주쿠에서 술을 마시다 돈이 떨어지면, 걸어서 갈 수 있는 범위로 한정해도 하룻밤 신세를 질 수 있을 것 같은 곳이 몇 군데나 있었습니다.

당시 청년들이 지금과 비교해서 박애심이 있다든지 이웃에 대한 사랑으로 넘쳤다고 생각하지 않습니다. 그 당시 그런 상부상조는 아주 당연한 것이었습니다. 방을 빌려주는 쪽도 은혜를 베풀었다고 생색내지 않았고, 하룻밤 신세를 지는 쪽도 그닥 미안한 마음을 가지지 않았습니다. 상부상조의 마음이 있었기 때문입니다.

지금 시대가 잃어버린 가장 소중한 것은 친구와 상부상조의 공동체를 만들어서 빈곤한 자원을 나누는 '예절'이 아닐까 생각합니다. 이 소중한 것을 천박한 윤택함을 구가한 8,90년대에 뿌리째 잃어버렸습니다. 왜냐하면 더 이상 가난하지 않으니까요. 그 누구도 상부상조도 연대도 필요로 하지 않습니다. 20년 동안 일본인은 '연대하는 기술'을 완전히 잃어버리고 말았습니다.

자기다움을 추구하는
길 위의 함정

다시 진로교육으로 돌아가도록 합시다.

왜 지금 도입하려는 진로교육이 청년들의 일하는 동기를 높이는 데도, 취업 기회의 확대에도 도움이 되지 않는 것일까, 그 이유를 말하고 있던 참이었습니다.

진로교육이 도입되길 희망하는 이는 기업 경영자들입니다. 알기 쉽게 그리고 지극히 산문적으로 말하자면 그들은 '다루기 쉽고 비용이 싼' 인재를 요구하고 있는 겁니다. 비즈니스니 당연한 이야기입니다. 요컨대 자기들이 신입사원 교육을 하는 데 필요한 비용을 대학에 부담시키는 것입니다. "아무래도 요즘 신입사원은 '일을 하려는 동기'가 약해서 동료와 협력도 못하고, 과장에게 한 번 야단맞은 걸로 금방 그만둔다, 모두 대학교육의 질이 문제다, 그러니 어떻게든 좀 바꿔 달라"는 것이 경영자들의 목소리입니다.

"그런 쓸데없는 소리 하지 마!" 이것이 제 솔직한 심정입니다. 말하지 않았습니까? 아이들이 일하는 동기를 잃어버리는 것도, 모듈화된 일밖에 하고 싶어 하지 않는 것도, 가족적인 기업을 너무 싫어하는 것도, 자신의 능력에 대한 외부평가를 받아들이지 않는 것도, 우리가 모두 한 덩어리가 되어서 국책적으로 추진해온 '세계화'의 눈부신 성과가 아니고 무엇이란 말입니까.

소비 단위를 세분화하기 위해 가족 해체를 조장하고, 자기가 결정하는 소비생활의 훌륭함을 부채질하고, 자기다움의 결정판은 '상품 구매'라며 이십 년 동안 대중매체를 통해서 계속 선전해온 기업들이, 이제 와서 모른 체하고 "최근에 청년들은 왜 자신의 소비생활을 최우선으로 하고, 타인과는 함께 일할 수 없게 됐나?" 하고 물어도 해줄 말이 없습니다. 당신들이 그런 일본인을 조직적으로 만들어내는 일에 합의해왔다는 죄의식 또는 자각을 갖지 않고 그런 말을 아무렇지 않게 해본들 저는 들을 생각이 없습니다.

모두 합세하여 '그런 아이들'을 만들어냈으니, 정치인도 기업인도 자기 할당량은 알아서 부담했으면 합니다. 저는 저 나름대로 학생들에게 어떻게 일할 동기를 갖게 할지 나름대로 궁리하고 노력하고 있습니다. 당신들도 일하고 싶어 하는 청년을 어떻게 길러낼 수 있을지 머리를 써서 나름의 대책을 생각했으면 합니다.

그러나 실제로 대학이 지금 하고 있는 진로교육은 안타깝게도 대학이 자발적으로 생각해낸 게 아니라 대개는 기업인의 생각을 받든 컨설턴트가 대학에 제안해온 것이고, 그 본질은 변함없이 '자기다움의 추구'와 '화려한 소비생활의 실현'을 청년들에게 거의 '국민의 의무'로 주입시키기는 것입니다.

일전에 어느 진로교육 강좌에서 보았습니다. 프리터를 하면 생애자금이 얼마, 결혼이나 출산으로 도중에 퇴직을 하면 얼마, 정규사원이 되어서 정년까지 일하면 얼마 등으로 나와 있고, "결혼 등으로 휴직하면 생애자금이 약 7억 원 차이가 납니다" 하고 가르치고 있었습니다. 자기실현의 성패가 요컨대 '평생 동안 얼마를 벌었나?'로 정해지는 국책 이데올로기가 여기에서도 또 다시 무반성적으로 반복되고 있는 것을 보면서 허탈해졌습니다.

10

언어교육에서 놓쳐서는 안 되는 것

아이들은 먼저 '언어적 확장' 속에 던져져야 합니다.
자기 몸의 감각으로는 가늠할 수 없지만
언어만은 알고 있다. 이 같은 언어 상황이야말로
교육적이라고 생각합니다. 그 말을 앎으로써
신체 감수성은 아이를 가두고 있던 일상을 넘어서
바깥으로 확장되려고 합니다.
저는 아이들의 촉수가 바깥으로 확장되는
계기가 되는 현상들을 '교육적'이라고 부릅니다.

현대문에서
사라진 음악성

저는 지금 국어교육에서 가장 경시되고 있으면서 동시에 가장 중요한 것이 '음악성'이라고 생각합니다. 그런데 국어교육에서 '음音의 문제'가 거의 고려되지 않고 있는 것이 아무래도 납득이 가지 않습니다.

교과서에 실려 있는 현대문, 특히 평론 중에 소리 내어 읽었을 경우 울림과 리듬을 생각하고 고른 것은 거의 없지 않을까 싶습니다. 그에 비해 고전과 한문은 음독을 유지하고 있습니다. 아니, 거꾸로 접근하는 것이 더 낫겠군요. 고전과 한문을 음독하면서 일본인의 음감이 형성되었기 때문에 고전과 한문의 음감을 상쾌하게 느끼는 것은 당연합니다.

일단 1950~60년대까지는 고전이나 한문을 읽는 문장 리듬을 기준으로 우리 음감이 형성되었습니다. 그러나 오늘날 더 이상 그런 '표준이 되는 언어 음감'은 존재하지 않습니다. 게다가 그런 기준이 없으면 안 된다는 발상 자체가 없습니다. 이는 교육과정에서 큰 문제라고 생각합니다. 고전은 우리가 어떤 음의 울림을 듣고 아름답다고 느끼는지 그 판단 기준이 될 수 있습니다. 기준이 없으면 이야기할 때 어떤 말을 아름답다고 느끼는지, 어떤 음은 그렇지 않다고 느끼는지 식별할 단서가 없어져 버립니다.

능악能樂을 배우고 비로소 알게 되었습니다만, 능악의 기본은 여덟 박자입니다. 낱말 개수와 박자가 맞는 전통 시나 문장은 이 여덟 박자 음으로 표기할 수 있습니다. 음수音數가 갖춰지지 않으면 '모치'라 하고, 음을 늘여서 여덟 박자로 만듭니다. 그래서 능악을 듣거나 연습할 때는 여덟 박자 리듬감이 몸에 각인됩니다.

자메이카 사람이 레게 박자에 맞춰서 걷거나 밥을 먹는 것과 똑같이 일본인은 원래 이 여덟 박자를 생활 속 기본 리듬으로 느끼고 있었습니다. 제가 있는 대학의 음악학부 사이토 선생님한테서 오페라는 이탈리아어가 아니면 안 된다는 이야기를 들은 적이 있습니다. 오페라 자체가 이탈리아어 음운에 맞게 만들어져 있고 이탈리아어로 부르지 않으면 오페라가 되지 않는다는 거죠. 모차르트에게는 미안한 말입니다만 〈마술피리〉는 독일어로 되어 있습니다. 그래서 듣다보면 역시 미묘하게 귀에 거슬립니다. 제가 그런 이야기를 하니까 사이토 선생님도 동의하셨습니다. 독일어에서 '흐'나 '히'로 발음되는 후두음이 아무래도 오페라에는 어울리지 않는 것 같습니다.

일전에 우디 앨런 감독의 〈매치 포인트〉라는 영화를 봤습니다. 주인공이 오페라 애호가여서 오페라 장면이 여러 번 나오는데, 주인공이 런던의 한 극장에서 오페라를 듣고 있는 장면에서 갑자기 뭔가 불편했습니다. 왜 그럴까 가만히 생각해봤더니 오페라를 영어로 부르고 있는 겁니다. 영어와 이탈리아어는 억양과 리듬이 다르기 때문에, 영어로 부르는 오페라는 아무래도 이상합니다.

나라말마다 그 나라말 고유의 억양과 리듬이 있습니다. 일상 회화에서 나타나는 억양과 리듬을 음악적으로 정리한 것이 그 나라 고유의 음악이 되는 겁니다. 그런데 현대 국어교육에서는 그 고유의 억양과 리듬 구조를 추려내서 매끄럽게 다듬고 나아가 그것을 음악적으로 승화시켜가는 과정이 생략되어 있다고 봅니다.

언어의
남성성과 여성성

음의 특징은 그 나라 언어, 즉 국어의 구조적 특성과 관련이 있다고 생각합니다. 일본어는 지금 전 세계에서 예외적으로 표의문자와 표음문자가 혼합된 언어입니다. 중국에서 건너온 외래어를 '한자'라는 표의문자로 표기하고, 고유 일본어는 '가나'라는 표음문자로 표기합니다. 한국이 한글로 통일하고 베트남이 알파벳 표기를 채용하여 한자 사용을 중단했기 때문에 이런 기묘한 국어를 사용하는 국민은 이제 전 세계에서 일본 정도밖에 남지 않았습니다. 표의문자와 표음문자를 병행해서 이용하고 있는 거의 유일한 국가인 일본에서 일본어가 일본인의 언어 음감에 영향을 미치지 않을 리가 없습니다.

최근 뇌과학 연구에 따르면 표의문자와 표음문자는 그 기호를 처리하는 뇌 부위가 다르다고 합니다. 표의문자는 '이미지'로 처리하고 표음문자는 '소리'로 처리하니 담당하는 부위가 다른 건 당연하겠지요.

실어증이라는 병이 있습니다. 뇌질환으로 뇌의 어느 부위가 손상을 입어 문자를 읽을 수 없게 되는 병입니다. 서양인은 실어증에 걸리면 문자를 전혀 읽지 못하게 됩니다. 그런데 일본인 실어증 환자는 '한자만 읽을 수 없는 실어증'과 '가타가나만 읽을 수 없는 실어증' 두 종류의 증상을 보입니다. 손상된 뇌 부위가 이미지 처리 담당인지 소리 처리 담당인지에 따라 그 증상이 다른 겁니다. 뇌의 두 부위에서 언어 기호 처리를 하는, 이상한 짓(?)을 하고 있는 것은 일본어를 말하는 사람뿐입니다. 이 지점에서 만화의 세계에서도 유례를 찾아볼 수 없는 표현이 탄생했습니다. 이야기가 그 쪽으로 새면 끝이 없어서 그 이야기는 다음에 다시 하기로 하고, 오늘은 음音 이야기만 하겠습니다.

표의문자는 중국에서 온 한자입니다. 옛날에는 이것을 마나眞名라고 했습니다. 그에 반해 표음문자는 보조수단이라는 의미로 '가나假名'라는 이름이 붙었습니다. 헤이안시대에는 남성은 마나로, 여성은 가나를 사용했습니다. 왕조 문학은 정이 깊고 아기자기한 정감을 서술하는 데 적합한 가나라는 표기법 덕분에 그 세련미를 극도로 높일 수 있었습니다. 남성은 한자로 쓰고 여성은 고유 일본어로 썼는데, 물론 기노츠라유키紀貫之처럼 여성인 듯 가나를 사용한 남성 작가도 있었고, 이와 반대로 무라사키 시키부紫式部와 세이쇼나곤清少納言처럼 마나에 소양이 있는 여성 작가도 있었습니다.

일본어 음운과 리듬에도 마나적인 것과 가나적인 것이 있다고 생각합니다. 한문의 진취적이고 단호한 어감과 고유 일본어의 부드럽고 다정한 어감은 다른 음악성, 다른 미학에 속합니다. 옛날 일본인은 두 가지 음악을 혼합하는 형태로 문학의 음악성을 만들어 왔습니다. 음운이나 리듬, 미의식이 다른 두 종류의 언어 체계가 하나의 언어 안에서 똑같은 권리를 행사하며 함께하고 있었습니다. 그리고 능수능란하게 언어를 사용한다는 것은 공중곡예 하듯 이 두 언어 사이를 왔다갔다 하는 것이었습니다.

이렇게 두 가지 언어를 현란하게 구사할 수 있었던 작가를 근현대에서 꼽자면 나루시마 류호쿠, 나쓰메 소세키, 다자이 오사무, 하시모토 오사무 같은 사람들입니다. 그들은 어떤 의미에서는 '이중언어 사용자 bilingual'라 부를 수 있습니다. 아름다우면서 울림이 크고, 논리적으로 섬세하면서 웅대하고 거침없는 일본어를 구사하는 것을 이상으로 삼는다면, 이 '두 가지 일본어(한문과 고유 일본어)' 사이를 자유로이 왔다갔다할 수 있는 '언어 운용 능력'을 함양해야 하지 않을까 생각합니다.

록과 일본어 가사의 만남

―――― 지금의 청년들은 1960년대 일본 록 뮤지션들의 큰 고민이 '일본어를 어떻게 록 비트에 접목시킬까?'였다는 것을 잘 모를 겁니다. 하지만 그 당시 정말 중요한 문제였습니다. 앞에서 오페라는 이탈리아어가 아니면 안 된다고 이야기했습니다만, 록은

영어권 국가에서 탄생했고, 그래서 영어가 아니면 안 되는 겁니다. 영어 이외의 언어, 이를 테면 프랑스어나 독일어로 부르면 록처럼 들리지 않는 거죠. 하물며 일본어로 부르는 록이야 말할 것도 없죠. 그래서 1960년대 록밴드들은 대부분 자신들의 오리지널 곡에도 영어 가사를 붙여서 불렀습니다.

　일본어를 록에 접목시키는 것은 구조적으로 말하자면 록 비트에 싣는 가사로 '마나'를 선택할 건지 '가나'를 선택할 건지 양자택일하는 문제였습니다. 청중들은 노래 가사의 의미를 몰라도 되고 문제는 사운드라면서 영어로 부르는 록가수들은 '마나'를 선택했습니다. 록에서 우선하는 것이 '사운드'라는 선택은 옳지만 가사의 의미도 어쨌든 살리고 싶다면 마나만으로는 어렵습니다. 또 가사가 모두 '마나'여서는 국민가요가 될 수 없습니다. 한시漢詩가 국민가요가 되지 못하는 것과 똑같은 거죠. 한시는 한문을 일본어 어순대로 고쳐 읽지 않으면 구두로 전할 수 없습니다.

　'마나'가 아닌 '가나'로 가사의 의미를 표현하려는 시행착오 끝에 이 시도는 마침내 성공했습니다. 저는 그 공로자로 세 명을 들고 싶습니다. 우선, 번역가 사자나미 켄지漣健児입니다. 원 가사의 분위기만 가져와서 원 가사의 세세한 의미는 그냥 넘어갔기 때문에 엄밀하게 말하면 가사를 번역했다고 할 수는 없을지 모릅니다. 하지만 미국 팝의 느낌을 거기에 딱 맞아떨어지는 일본어에 실었다는 점에서 가장 큰 공적을 세운 사람일 겁니다.

사자나미 켄지의 성공은 그 이후 '일본어에 의한 록'이 나아가야 할 방향을 확실하게 제시해 주었습니다. 이것은 가나, 곧 여성의 언어로 간다는 뜻입니다. 사자나미 켄지가 선택한 사카모토 큐坂本九라는 허스키하면서도 중성적인 목소리를 가진 가수의 성공은 사자나미 켄지가 옳았다는 것을 여실히 보여줬습니다. 미국발 록과 블루스, 포크가 '반체제·반권력'이라는 자기 규정에 의해 대항문화가 된 것에 비해, 일본 록은 그 정도로 직선적인 정치색을 띠지는 않았습니다. 다만 마나적인 것에 대한 가나적인 것의 이의신청을 통해서 대항문화를 만들어내려고 한 것입니다.

음악사적으로는 '일본어에 의한 록'의 최고 그룹은 〈해피엔드〉라는 것이 정설입니다. 〈해피엔드〉는 미국적인 록 사운드에 드러머 마츠모토 타카시松本隆의 가사를 실었습니다. 마츠모토의 가사는 문학사적 필연으로 '옛 일본어' 계통과 연결됩니다. 그 후에도 마츠모토 타카시가 많은 여성 가수들에게 히트곡을 준 것에서도 알 수 있듯이 마츠모토의 가사는 '여자의 마음'에 초점을 맞췄을 때 높은 사실성과 서정성을 발휘합니다.

일본어계와 가나계 언어를 능숙하게 사용했던 마츠모토 타카시가 록이라는 마초적이고도 거친, 폭력적인 사운드에 여성의 정서가 담긴 노래가사를 실었을 때, 의외로 딱 맞아떨어졌습니다. '12월의 비오는 날'은 〈해피엔드〉의 데뷔곡인데, 그 가사는 사계의 변화, 석양의 서정, 도회 청년의 고독이 잘 버무려진 것입니다. 살벌한 도회 풍경 속에 숨

겨져 있는 아름다운 것을 찾아내어 내 마음속의 소소한 변화를 음미하는 왕조 문학적인 노래입니다.

생각해보면 고대 일본어는 처음부터 외래 문물을 받아들이고 그것과 융합하는 과정을 통해 살아남았기에, 마츠모토의 선택은 숙명적으로 옳았던 것입니다. 이후에 쿠와타 케이스케桑田佳祐가 등장해서 '일본어에 의한 록'은 그 완성을 보게 됩니다. 이 흐름으로 가사론을 본격적으로 시작하면 책 한 권을 새로 쓰지 않으면 안 될 것 같습니다. 교육론 도중에 옆길로 샐 여유가 없기 때문에 '언젠가 다시'로 잠시 담아두고 원래 주제로 돌아가겠습니다.

말을 먼저 배운다는 것의 의미

미우라 마사시三浦雅士는 어딘가에서 '고전은 이해하는 것이 아니라 암기하는 것'이라고 썼습니다. 가령 '햇볕 따사로운 봄날에 어지럽게 꽃은 흩날리고'라는 옛 노래가 있습니다. 중학생이 되면 가장 먼저 이 노래를 외웁니다. 거기 나오는 한자가 무슨 뜻인지 그런 건 몰라도 됩니다. 일단 암기합니다. 그리고 꽤 시간이 흐른 뒤 어느 봄날 문득 그 옛 노래가 저절로 입에서 흘러나오는 경우가 있습니다. 그 순간, 노래와 감각 사이에 회로가 연결됩니다. '어지럽게 꽃은 흩날리고'가 이런 뜻이구나 하고 말이죠.

어느 봄날 문득 느낀 아주 미세한 느낌이 이 옛 노래로 다시 제 몸을 찾습니다. 형태가 없었던 감각이 말로 분절되어 확실한 윤곽을 갖추게 된 거죠. 그 감각은 이 노래를 모르면 아마도 의식화되지 않았을 겁니다. 어떤 미적 감각이 이 옛 노래와 연결되면서 동시에 기억되고, 체화되면서, 마침내 타자에게 그 느낌을 전달할 수 있게 됩니다.

말을 배운다는 건 그런 거지요. 아기가 말을 배울 때와 똑같습니다. 우리는 먼저 말을 배웁니다. 의미는 잘 모릅니다. 무엇을 가리키는지도 잘 모르죠. 하지만 그것으로 충분합니다. 언어를 뒷받침하는 실제적 감각이 없다는 결핍감을 쭉 갖고 있다가, 어느 날 그 '그릇'에 딱 들어맞는 '내용물'을 만납니다. 문자와 읽는 방법만 알고 그 (속) 의미를 모르는 말이 마치 자석이 철을 끌어당기듯이 '그 공허를 채워주는 의미'를 끌어당깁니다. 언제나 결핍을 느끼고 있기 때문에 그 결핍을 채우는 방향으로 감각을 심화시켜가는 것이지요. 그래서 가장 먼저 언어의 축적이 필요합니다. 먼저 언어의 재고를 쌓아가다 보면, 나의 실감으로 채워지지 않았던 그 말이 나의 실감을 풍부하게 합니다.

생각이 남고 말은 부족하다라는 '말의 빈곤함'과 말은 남고 생각은 부족하다는 '신체 감각의 빈곤함'이 있습니다. 언어교육자는 보통, 아이는 '생각이 남고 말은 부족하다'고 생각합니다. 그래서 생각하는 것을 있는 그대로 말로 하게 하라는 교육을 강조하지요. 하지만 사실은 그 반대가 아닐까요? 아이의 언어 상황은 '말이 남고 생각이 부족하다'는 형태로 구조화되어야겠죠. 그러므로 아름답고 울림이 큰 말, 또는 논리적인 '타자의 말'에 집중적으로 노출되는 경험이 언어교육의 중심이 되어야 합니다. 저는 그렇게 생각합니다.

먼저 자신의 생각이 존재하고 그 생각을 그대로 말로 표현하는 것이 언어교육이라는 가설을 받아들인다면, 아이가 유아기 신체 감각에 걸맞은 유아적인 말, 예를 들면 '열 받아' '짱난다' 같은 말로 채워졌을 때, 자신의 말을 그 이상으로 풍부하게 해야 한다는 동기는 사라져버리고 맙니다. 왜냐하면 실제로 지금 하고 있는 생각을 있는 그대로 표현하는 과제는 달성된 셈이기 때문입니다. 그러므로 설령 그 후에 언어적 발달이 있다 하더라도 '열 받는다'라는 말을 그때그때 상황에 따라 세세하게 구분해서 쓰는 방향으로 발전할 수밖에 없습니다(실제로 오늘날 일본 아이들의 언어 상황은 그런 방향으로 가고 있다고 생각합니다).

물론 그것도 신체 감수성의 결을 세밀화한다는 면에서 언어적 성장이긴 합니다. 하지만 이런 '차이 의식의 비대화'는 바람직하지 않습니다. 문학적 비유로 설명하자면 '오후 5시 30분의 황혼과 오후 5시 31분의 황혼' 그 뉘앙스의 차이를 추출하는 과정에 자신이 가진 모든 지적 공력을 쏟아붓느라 새벽녘이나 심야에 대해서는 할 말이 없어진 사람과 비슷합니다.

아이들은 먼저 '언어적 확장' 속에 던져져야 합니다. 자기 몸의 감각으로는 가늠할 수 없지만 언어만은 알고 있다, 이 같은 언어 상황이야말로 교육적이라고 생각합니다. '노기충천하다'든지 '마음을 비워 무념무상의 경지에 이르면 불조차도 시원하다' 같은 말은 아이들에겐 말만 먼저 있고 신체적 실감이 뒷받침되는 경우는 거의 없습니다. 하지만 그 말을 앎으로써 신체 감수성은 아이를 가두고 있던 일상을 넘어서 바깥으로 확장되려고 합니다. 저는 아이들의 촉수가 바깥으로 확장되는 계기가 되는 현상들을 '교육적'이라고 부릅니다.

생각과 말의 괴리

감정이 먼저 있고 말이 나오는가, 아니면 말이 있어 감정이 형성되는가? 이것은 꽤 어려운 물음입니다만 우리는 '말이 감정을 만들어내는' 구조에 관해 좀더 깊게 이해할 필요가 있지 않을까 싶습니다. '가는 말이 고와야 오는 말이 곱다'는 말도 있습니다만, 실제로는 할 의도가 없었던 말을 무의식적으로 입에 담게 되자, 그 말이 강한 반감을 불러일으켜 다시 입에 담을 의도가 없었던 말로 응대하게 되면서 어느새 더 이상 수습할 수 없는 아수라장이 되고 마는 그런 경험이 다들 있을 겁니다. 이러한 현실의 인간관계를 결정하는 것은 '그런 건 생각하지도 않았다' 같은 내면적 진실이 아닌, 실제 입 밖으로 나와 버린 말입니다. "그런 의도로 말한 게 아냐" 하는 변명은 그 말 때문에 화가 나거나 상처 받은 사람에게는 통하지 않습니다. 현실의 인간관계에서는 '내면'보다 '말'이 우선적으로 고려됩니다. 당연하죠. 그런데 개인 차원에서도 똑같은 일이 일어난다고 생각합니다.

개인 차원에서도 내면보다 말이 우선합니다.

　화를 낼 때 막상 화가 많이 나지 않으면 우리는 화난 목소리를 지르며 그 분노를 강화하려 합니다. 그러면 자신이 했던 말에 끌려서 내면의 분노가 끓어오릅니다. 이미 분노가 내면에 잠재하고 있어서 그에 걸맞은 말을 골라 표출되는 것이 아니라, 어떤 말을 선택하느냐에 따라 그 말에 걸맞은 감정이 내면에 형성됩니다.

　'사랑해'라는 말도 똑같습니다. 마음속에 그다지 끓어오르는 애정이 없어도 항상 사랑한다는 말을 계속하고 그 말에 걸맞은 행동을 하면, 상대도 기분이 좋아져 분위기가 부드러워지고 자연스레 배려심도 생기고 관계가 좋아집니다. 그러면 자기도 기분이 좋으니까 상대를 사랑하는 마음이 내면에 자라게 되는 것이지요. 여러분도 그런 경험을 해본 적 있으리라 생각합니다.

　이는 말의 '정신적인 힘'으로 봐도 무방하리라 생각합니다. 말에는 그만큼 인간의 내면을 조작하는 힘이 있습니다. 하지만 언어교육 관계자 여러분은 과연 얼마나 '말의 정신적인 힘'에 신경 쓰고 계신지요. 아무리 찾아봐도 그런 분은 없는 것 같습니다.

　마음속에 '말이 되기 전의 생각'이 있고, 말은 그 마음을 전달하는 불완전한 매체라고 생각하고 있는 건 아닌가요? '말은 불완전한 매체다. 말을 잘 가꾸면 생각의 운반도구로서 성능이 좋아지고, 생각을 효과적으로 전달할 수 있게 된다'고 생각하고 있지는 않습니까? 이런 생각에는 내면이라는 것이 언어라는 '표상수단'에 선행해서 이미 존재한다는 플라톤적인 이원론이 깊게 뿌리박혀 있습니다. 먼저 이데아가 있고 그 이데아가 구체적이고도 개별적인 사물에서 실현된다, 철학적으로는 알기 쉽고 사용하기 편한 이론입니다.

그러나 교육 현장의 문제로 봤을 때, '먼저 생각과 느낌이 있다'라는 전제를 취함으로써 아이들의 언어가 한없이 빈약해졌다는 사실을 심각하게 봐야만 합니다. 만약 아이가 "나는 내면은 풍부한데 말이 부족해" 하는 가설을 받아들인 경우 — 실제로 많은 아이들이 이런 전제를 취하고 있습니다 — 그 아이에게 말은 늘 종속적인 지위에 놓입니다. 그렇죠, 말은 말의 주인인 내면의 결함을 채워주기 위해 봉사해야 하기 때문입니다. 말이 종속자로 치부된다면, 말은 야위어갈 수밖에 없습니다.

여러분은 아이들이 말이 생각에 닿지 않는다고 스스로 부족함을 느끼면 '말을 풍부하게 만들어야겠어' 하고 마음먹으리라 여길 수도 있습니다. 그러나 현실은 그렇지 않습니다. 대부분은 말이 생각에 닿지 않는 결핍감을 말이라는 제도적·타성적 도구보다 끓어오르는 내면의 감정과 사념의 순수한 힘이나 생생한 느낌을 우선순위에 두어야 하는 것으로 해석합니다. 말로 표현하기 힘들수록, 그 사실을 오히려 내면의 순도와 깊이, 무구함의 증거라고 생각해버립니다. 그렇다면 생각을 말로 표현할 수 없다는 느낌을 자주 느끼는 사람일수록 순진무구하고 때묻지 않은 인간이 됩니다. 실제로 그러한 억측이 벌써 우리 안에 깊게, 손댈 수 없을 정도로 뿌리박혀 있습니다.

예를 들면, 우리는 우리의 경험을 표현하는 언어를 구조적으로 빼앗기고 있다는 화법을 사용하는 사람이 있습니다. 페미니스트 언어론과 후기식민주의 언어론도 이런 논리를 채용합니다. 하지만 우리 중에 자신의 경험을 표현할 수 있는 말을 미리 장착하고 태어난 인간은 단 한 명도 없습니다. 어느 누구도 자신의 고유한 경험을 말하는 고유의 언어도 가지고 있지 않습니다. 애당초 가질 이유가 없습니다. '고유한 언어'란 엄밀히 따지자면, 누구에게도 통하지 않는 것일 테니까요. 언어는 타자와 나눠 가지면서 존립할 수밖에 없습니다. 그런 이상, 자신의 고유한 내적 경험을 말할 수 있는 언어 또한 존재할 리 없고, 그런 것을 바라서도 안 됩니다. 이 같은 단순한 사실을 잊고, 사람들은 변함없이 '생각을 말로 할 수 없다'고 하소연합니다.

'생각'은 '말로 할 수 없는 것이 있다'라는 상황 그 자체를 바꾼 '말'에 지나지 않습니다. 생각이 말 앞에 있었던 것이 아닙니다. 말을 뱉고 난 뒤에 '그 말로는 채 다 퍼 담지 못한 무언가가 아직 남아 있다'라는 감각이 생긴 것입니다. 차라리 '환영幻影'이라고 말해도 좋습니다. 예를 들면 내가 원고 수백 쪽을 쓴 뒤에 다시 한 번 읽어봅니다. 그러면 아무래도 썩 와 닿지 않는 부분이나 마음에 들지 않는 부분이 여기저기 조금씩 보일 테고, 그 부분을 고칩니다. 이 문장을 쓴 사람은 나이고, 내가 쓴 그 문장이 와 닿지 않는다고 말하고 있는 것도 역시 나입니다. '생각'은 어느 쪽 '나'에게 있는 것일까요? 게다가 수일 후, 수십 쪽을 더 쓴 후에 다시 읽어보고 이 부분은 필요 없다든지 이 부분은 논지가 통하지 않는다면서 과감하게 삭제하는 것도 나입니다. 도대체 생각은 어느 쪽 '나'에게 있는 걸까요? 그런데 실제로 그런 것은 어디에도 실체로 존재하지 않습니다. 존재하는 것은 '생각과 말은 늘 괴리한다'는 '실감'뿐입니다. 그 괴리감이 우리로 하여금 계속 말을 이어가도록 추동하는 것입니다. 생각과 말의 괴리감은 한탄해야 할 것도, 불만스럽게 생각할 것도 아닙니다. 그 느낌은 우리를 성장시키는 계기입니다. 저는 그렇게 생각합니다. 그 괴리감이 우리를 '타자의 말'로, '바깥'으로 꾀어내는 것입니다.

11

영성교육의
바람직한 방향은

단지 감각을 연마해서
미미한 신호에 귀를 기울이고, 인간은
존재하지 않는 것과도 소통할 수 있다는
근본적인 사실을 실감하는 것,
그것이 영성교육의 출발점이자
도달점이라고 생각합니다.

갈등과 긴장

종교교육에 대해 얘기하기 전에 먼저 종교성이란 무엇인가, 그 근원적인 의미를 정의하지 않고는 종교교육에 대해 말할 수가 없다고 생각합니다.

저는 종교성을 다음과 같이 생각하고 있습니다. 무한히 확대되어가는 시간과 공간 안에서 자신이 소소한 한 점에 지나지 않는다는, 자신의 '작음'에 대한 자각, 그럼에도 불구하고 우주가 창조된 이래 계속된 어떤 연쇄과정 안에서 하나의 고리로서 여기에 존재한다는 '숙명성'의 자각, 이 두 가지라고 생각합니다. 불면 날아갈 것 같은 입자에 지나지 않지만 그럼에도 나로서는 이해가 미치지 않는 어떤 연쇄의 결과로, 다름 아닌 지금 이 시간 이 장소에 내가 있다는 느낌, 일종의 생명운동의 연결 말단에 내가 있고 나를 기점으로 그것이 계속된다는 느낌 같은 것이라고 생각합니다. 자기 존재의 불확정성과 확정성을 동시에 느끼는 것, 혹은 자기 존재의 우연성과 필연성을 동시에 느끼는 것, 그것이 종교적인 체험이 아닌가 생각합니다.

'불확실하지만 동시에 확실하다'는 화법을 싫어하는 사람이 있습니다. 뭔가 선명하게 정리되지 않으면 흔쾌하지 않다고. 그러나 실제로 인간이란 존재는 그렇게 쉽게 정리될 수 있는 것이 아닙니다. 인간은 반드시 갈등 안에 놓여 있습니다. 공중에 매달려 있는 듯 불안정한 것이 인간성의 본질이기에 이 갈등을 견뎌내지 않으면 안 됩니다.

모든 인간적 자질은 갈등을 통해서 성숙합니다. 이는 경험적으로 확실합니다. 모든 감정은 갈등을 통해서 깊어집니다. 예를 들면 우리는 사람을 사랑합니다. 사람을 사랑하지 않고 존재할 수 없습니다. 사람을 사랑한다는 것의 최고 형태는 '그 사람 없이는 살 수 없다'를 취합니다. '당신 없이는 살아갈 수 없다'는 말은 가장 순수한 사랑의 말입니다만, 생각해봅시다. 만약 그것이 사실이라면 당신을 잃었을 때 나는 살 의미도 사는 버팀목도 잃어버린다는 뜻입니다. 그런데 당신은 종종 내 앞에서 모습을 감춥니다. 사소한 엇갈림에서부터 혹은 우연한 사고나 병으로. 그렇다면 자신의 행복을 확실하고 안정적으로 만들고 싶은 사람은 '사람을 사랑하는 일'은 되도록 피하는 편이 낫습니다. 부모도 아이도 배우자도 친구도 스승도 제자도, 그 사람을 잃으면 자신에게 깊은 상실감을 가져올 것 같은 사람은 아예 만들지 않는 것이 인간으로서 현명한 삶의 방식이 되는 겁니다. 하지만 우리는 그런 공허한 인생을 견딜 수 없을 겁니다. 오히려 인간은 그 사람을 잃어버림으로써 인생에 치명적인 손상을 입을 듯한 그런 '위험한 관계'를 맺으려 갈망하고 있습니다. 이상한 이야기라고 생각하지 않습니까?

우리는 아름다운 크리스털 글라스를 아주 소중하게 다룹니다. 형태도 무게감도 촉감도 완전히 똑같은 '깨지지 않는 글라스'가 있다면, 그 깨지지 않는 글라스에 깨지는 글라스와 똑같은 애착을 가질 수 있을까요? 아마도 가질 수 없을 거라고 생각합니다. 그것도 이상한 이야기지요. 결코 깨지지 않는 글라스와 아직 깨지지 않은 글라스는 지금 여기서는 어느 쪽도 '깨지지 않은 글라스'라는 점에서는 똑같습니다. 그럼에도 우리는 '아직 깨지지 않았지만 깨질 가능성이 있는 글라스'의 상실감을 앞당겨서 받아들이고 있기 때문에 그 글라스에 더 애착을 느끼게 됩니다. 희한한 일입니다만 이 '앞당겨진 상실감'이 이 글라스를 사용하고 있을 때의 쾌락을 증가시킵니다.

가령 아주 재미있는 소설이 있다고 칩시다. 읽고 있을 때 남은 페이지가 점점 줄어드는 것이 아까워서 어쩔 줄 모릅니다. '아, 이 즐거움도 앞으로 몇 시간 후에는 끝나는구나' 생각하면 읽는 속도를 일부러 늦춰서 독서의 쾌락을 연장하려고 합니다. 하지만 이런 모습을 보고 누군가가 '끝이 없는 소설'을 우리에게 제공하면 우리는 기뻐할까요? 설마요. 독서의 쾌락은 이 쾌락이 끝나는 것이 확실하다는 사실을 담보로 성립됩니다. 독서의 쾌락은 사랑이 가져오는 쾌락과 구조적으로는 똑같습니다.

제 아이가 태어났을 때, 저는 그 감정을 강렬하게 느꼈습니다. 유전자의 수여가 끝났다, 다음 세대에 DNA가 계승되었다, 리처드 도킨스의 『이기적 유전자』식으로 생각한다면 이제 나의 일은 끝난 것입니다. 이미 DNA가 다음 유전자 비행기를 탔다는 건 "이제 네가 죽어도 된다"는 겁니다. 아이가 태어난 순간에 한 생명체로서 해야 할 일을 다 성취했다는 안도감과 허탈감이 동시에 찾아옵니다. 동물 중에 교미가 끝남과 동시에 죽고 마는 수컷이 많이 있다는 사실은 이 안도감과 허탈감이 충분히 근거 있음을 말해줍니다. 하지만 인간은 그것으로 끝나지 않습니다. 이번에는 태어난 아이를 지키고 또 다음 세대에 이 아이가 DNA를 패스할 수 있는 상태까지 양육하지 않으면 안 된다는 새로운 의무감이 솟아납니다. 전혀 상상도 하지 않았던 종류의 정서입니다. 즉, "이제 너의 일은 끝났다. 이제 죽어도 된다"는 메시지와 "개똥밭에 굴러도 살아라"라는 메시지가 동시에 다가오는 것입니다.

'죽어라'와 '살아라'라는 상반된 메시지가 동시에 찾아옵니다. '아이를 갖는다는 건 이런 경험인가?', 그때 혼자 경탄했던 것을 기억하고 있습니다. 인간의 본질적인 특성이 갈등을 기초로 한다는 것은 그런 것입니다. 인간의 모든 감정은 갈등을 통해서 형성됩니다. 희한한 이야기입니다만 갈등하고 있을 때 인간은 가장 자연스럽고 가장 안정되어 있습니다.

합기도 호흡법에 '호흡 조련'이라는 것이 있습니다. 나카무라 텐부中村天風 선생이 고안한 호흡법을 제 스승인 타다多田 선생이 수련에 도입했는데, 그 기본 호흡법은 뒤꿈치를 올리면서 숨을 들이쉬고 뒤꿈치를 내리면서 숨을 뱉는 것입니다.

뒤꿈치를 든 상태에서 가벼운 명상에 들어가는 것은 아주 어렵습니다. 자신의 근육과 골격을 미묘하게 움직여 균형을 유지하려고 하면 반드시 휘청거립니다. 그런데 공중에서 누군가가 내 머리카락을 끌어당긴다고 상상하면 꽤 안정이 됩니다. 그래도 아직 휘청거립니다. 여러 시행착오를 겪고 나서 제가 깨우친 것은 내 몸을 위로 끌어당기는 힘과 밑으로 끌어내리려는 힘이 내 안에서 '갈등'하고 있는 이미지입니다. 두 친구가 자기랑 놀자며 양쪽에서 손을 잡아당겨 움직이지 못하게 된 아이와 같은 상태입니다. 그렇게 상상하면 아주 편해집니다. 물론 이것은 과도기적인 가설이기 때문에 또 다른 이미지를 상상하게 되겠지만, '지금은 상반되는 두 힘이 내 안에서 맞버티는 상태'라는 것이 저에게는 안정을 실현할 때 가장 효과적인 이미지입니다.

대립하는 두 힘이 서로 팽팽하게 버티는 덕분에 정지하고 있는 듯하지만 그 안에 강한 역동성이 넘쳐흐르는 이런 상태는 종교의 경우에도 마찬가지로 해당되지 않을까 생각합니다.

풍수와 종교성

신사神社나 절은 대체로 '땅의 기운'이 매우 강한 곳에 세워집니다. 나카자와 신이치中沢新一 선생은 『아스 타이바』라는 책에서 도쿄의 주요 신사는 죠몬시대繩文時代 해안선에 세워졌다는 가설을 세웠습니다. 그것도 바다로 튀어나온 곶岬 부분에. 아마도 그런 장소에 다른 세계와 통하는 문이 있다고 믿었기 때문이겠죠.

실제로 제가 있는 대학이 위치한 오카다산은 죠몬시대의 곶에 해당하는 곳입니다. 그 곳의 뾰족한 끝에 오카다 신사라는 오래된 신사가 세워져 있습니다. 오카다岡田 신사는 대략 1100년 전에 세워졌습니다. 학교에 온 외부 손님들은 곧잘 "왜 미션 스쿨 안에 신사가 있나요?"

하는 질문을 합니다만, 신사는 1100년 전부터 여기에 있었고 우리 대학은 이제 겨우 75년밖에 되지 않은 신참입니다. 신사가 있는 땅을 에워싸는 식으로 미션 스쿨이 세워진 것입니다.

풍수 이야기로 잠깐 옆길로 새겠습니다만, 이 오카다산은 '미니 교토'와 같은 형태를 취하고 있습니다. 교토와 도쿄도 원래는 중국의 낙양과 장안을 모방해서 도시계획이 되었기 때문에 당연히 풍수를 배려하고 있습니다. 청룡, 주작, 현무, 백호의 사신四神이 각각 동서남북을 지킵니다. 풍수에서 가장 선호되는 것은 세 방위를 산이 둘러싸고 남쪽이 열려 있는 지형입니다. 북쪽에는 산, 남쪽에는 연못 혹은 바다가 있고, 북서쪽에서 남동쪽으로 강이 흐르는 것을 최고로 여깁니다. 오카다산 캠퍼스는 이 조건을 모두 갖추고 있습니다. 말하자면 오카다 신사가 풍수에서 말하는 옥당玉堂이라는 최고의 자리에 세워져 있는 거죠. 교토라면 천황의 거처가 있는 바로 그 자리입니다.

이 땅은 고베산 아래 있는 캠퍼스가 좁아서 동창회가 기증한 땅입니다만, 제가 아는 한 일본에서 풍수적으로 오카다산 캠퍼스만큼 좋은 자리에 세워진 대학은 없습니다. 아마도 당시 캠퍼스 땅을 찾던 동창생 중 영적 감수성이 매우 뛰어난 사람이 있었던 거겠죠.

저는 땅은 단순한 물리적 실체가 아니라 모종의 생명을 지니고 있다고 생각합니다. 동물과 식물은 운동하는 속도가 다를 뿐 생명체라는 점에서는 다르지 않습니다. 땅은 식물보다 더욱 완만하게 운동하지만 그럼에도 깎이고 퇴적되고 융기하고 함몰해서 지질학적 시간 속에서

는 변화를 계속합니다. 지하에는 마그마가 맺혀 있고 토지에는 자성磁
性이 있습니다. 비유적으로는 모종의 생명이라고 간주해도 되겠지요.
그 대지의 생명력이 약한 곳과 강하게 발현하는 곳이 있습니다. 그 땅
의 기운이 강한 곳을 골라서 건축물이 세워집니다.

제 연구실 학생이 쓴 졸업논문에 죠몬시대의 오오사카 해안선에 지
금은 무엇이 있는지, 걸어서 조사한 내용이 있습니다. 거기에는 신사
와 절, 병원과 묘지, 대학과 러브호텔이 뭔가 처음부터 의도가 있었던
것처럼 들어서 있었습니다. 이것은 우연이 아니겠지요.

종교시설과 의료시설, 묘지, 대학, 러브호텔은 인류학적인 기능으로
볼 때 같은 범주에 넣을 수 있습니다. 신사와 절, 병원, 묘지는 알겠는
데 대학과 러브호텔은 왜? 이것은 '곳'이 지닌 '다른 세계로의 통로'라
는 보조선을 그려보면 알 수 있습니다. 대학은 지성이 바깥으로 경계
를 넘어서기 위해 만들어진 장소이고, 러브호텔도 어찌보면 새로운 생
명을 만들어내기 위한 성행위를 하는 곳으로 특화된 공간이니까요.

모순의
동적 균형

다른 세계와의 회로가 열려 있는 장소라
는 건 이쪽 세계도 아니고 저쪽 세계도 아니라는 말입니다. 양쪽에 동
시에 속해 있다고 말할 수 있고 양쪽 어디에도 속해 있지 않은 비무장

중립지대라고도 할 수 있습니다. 그곳에는 양쪽 세계의 것들이 흘러들어 와서 서로 섞이고, 거기에 있으면 양쪽 세계에 다 이끌리게 됩니다. 현 세계와 다른 세계의 기수역汽水域(민물과 바닷물이 섞인 염분이 적은 물_역자 주) 같은 곳입니다.

신사를 '깨끗하고 정결한 장소'라는 식으로 생각하는 사람이 있습니다만, 조금 틀린 해석이라고 생각합니다. 완전히 청정무구한 장소에는 생명을 위한 여지가 없기 때문입니다. 생명이 없고 파동이 없고 갈등도 없고 단지 잠잠한 정숙만이 지배하고 있습니다. 그리되면 우주 공간의 끝, 영화 〈2001 스페이스 오디세이〉의 마지막 장면에 보우만 선장이 당도한 반투명 호텔 방 같은 곳을 상상하게 됩니다만, 저는 그곳이 종교적으로 이상적인 공간이라고 생각하지 않습니다. 오히려 두 힘이 다투는 과정에서 한순간도 멈추지 않고 분열되고 흔들리는 상태, 그것이 인간의 본래적인 모습이 아닐까 저는 그렇게 생각합니다.

『한비자』에 '모순矛盾'이라는 일화가 나옵니다. 초나라에 창과 방패를 파는 상인이 있어서 창은 모든 방패를 뚫고 방패는 모든 창을 막아낸다고 자랑했는데, 그러면 당신의 창과 방패를 대결시키면 어떻게 되냐고 묻자 아무 대답도 못했다는, 뭐 그런 이야기입니다. 그런데 그가 아무 말도 하지 못했던 것은 어떤 의미일까요? 어렸을 때 이 이야기를 읽었을 때는 상인이 자신의 우매함을 부끄러워해서 아무 말도 하지 못했다고 생각했습니다. 하지만 언제부턴가 어릴 때 생각이 틀리지 않았을까 생각하게 되었습니다. 이 상인은 말문을 닫은 것이 아니라, 똑똑

한 척하는 사람들의 물음에 히죽 웃으면서 "그럼 어떻게 될 거라고 생각해?" 하고 반문한 것은 아닐까 하고 말이죠. 만약 정말 그런 것이라면 거기에는 창은 방패를 뚫지 못하고 방패는 창을 막아 내지 못하는 동적 균형이 생겼을 겁니다. "그것이 실은 인간의 본래 모습이 아닐까?" 하고 말하려고 상인은 일부러 잠자코 있었던 것은 아닐까요?

장례, 죽은 자와 소통하기

갈등과 대립 속에 있는 인간의 모습을 저는 '영적spiritual'이라고 부르고 싶습니다. 제가 '영적'이라고 할 때 그 뜻이 일반적인 종교인이나 종교학자가 사용하는 뜻과는 꽤 다를 거라고 생각합니다. 하지만 이렇게 중간에 있는 것, 어느 세계에도 확정적으로 귀속하지 않는 것을 인간 영성의 근원적인 규정으로 보는 아이디어는 즉흥적인 생각이 아니라 꽤 오랜 기간에 걸친 깊은 사색으로 다다른 결론입니다. 왜 제가 영성이라는 말의 뜻을 그렇게 정의하게 되었는지, 먼저 그 이야기부터 시작하고자 합니다.

인간이 영성이라는 개념을 획득한 것은 장례를 시작하였을 때라고 생각합니다. 장례는 '예禮' 이야기를 할 때 잠시 다루었던 것처럼 인류가 '사자死者'라는 개념을 가졌을 때부터 시작됩니다. 그때까지 영장류는 '죽은 자'라는 개념을 갖지 않았습니다. 죽은 동족은 매미의 허물이나 말라비틀어진 잎사귀와 똑같이, 평범한 자연물이고 그대로 버려졌습니다. 침팬지 엄마는 죽은 새끼를 언제까지나 안고 있으면서 마치 살아 있는 새끼처럼 다루다가 사체가 부패하면 그대로 버리고 맙니다.

'생물'에서 '물건'으로 옮겨 가는 과정에서 살아있는 것도 아니고 무생물이 된 것도 아닌 중간지대라는 것을 인간 이외의 영장류는 모릅니다. 하지만 언제부턴가 죽은 동류는 곧바로 자연물로 돌아가는 것이 아니라 그 중간 과정을 경유한다는 것을 생각해낸 영장류의 일부가 있었습니다. 그것이 인간의 조상입니다. 그들은 '살아 있는 자'와 '자연물'의 중간에 '사자死者'라는 제3의 개념을 삽입하였습니다. 산 자가 사후에 곧바로 자연물로 돌아가는 것이 아니라 도중에 사자라는 단계를 경유한다고 보는 거지요. 이미 죽었지만 아직 충분히는 죽지 않은 상태에 있는 존재를 사자라고 부릅니다.

우리의 먼 조상은 사자를 '자연물'로 돌리기 위해서는 일종의 의례가 필요하다고 생각했습니다. 이 의례를 제대로 치르면 사자는 사라지지만 의례를 잘 못하면 사자는 머물게 되고 산 자에게 화를 입힌다고 생각했습니다. 사자를 제대로 돌려보내기 위한 올바른 의례를 공자는 '예'라고 불렀습니다. 그리고 '예'를 군자가 배워야 할 것의 필두에 둔 것은 앞에서 설명한 대로입니다. 저는 이것을 종교교육의 기본 원리라고 생각합니다.

공자의 가르침은 오랫동안 일본 교육제도의 근간이었기 때문에 당연히 현대에서도 '예' 즉 장례의 의미와 예절 습득을 교육과정의 제일 처음으로 삼아야 한다고 갑자기 말하면 무슨 말인지 잘 모르실 것 같아, 왜 그리 되어야 하는지 조금 더 상세하게 설명하겠습니다.

인간이 '인간'이 된 것은 산 자와 자연물의 중간에 '사자'라는 제3의 카테고리를 만들어 내면서부터입니다. 이것은 인류학적 정설이기 때문에 일단 이 내용에는 동의해주셨으면 합니다. 사자는 장례를 제대로 치르지 않으면 우리 세계를 떠나주지 않습니다. 그렇다고 제가 귀신이 나타난다고 말하려는 것이 아닙니다. '장례를 제대로 치르지 않으면 사자가 화를 불러온다'는 믿음을 갖지 않은 사회집단은 전 세계 어디에도 존재하지 않는다는 객관적 사실을 진술하고 있는 것에 지나지 않습니다.

예를 들면 총리가 야스쿠니靖國 신사에 공식적으로 참배하면 이웃 나라 정부는 격렬하게 비판합니다. 그들 나라의 국민 감정에 상처를 주는 행위이기 때문입니다. 왜 국민들 감정이 상처를 받는가 하면 일본의 총리가 자국의 전사자 공적을 기리는 것은 '피침략국인 자국의 사자에 대한 모독'에 해당하기 때문입니다. 일본인이 이러한 행위를 하는 것을 자국의 사자들이 허용하지 않는다고 느끼기 때문에 중국과 한국 정부는 항의 성명을 발표합니다. 사자의 진혼 의례를 올바르게 집행하지 않으면 재난이 일어난다는 믿음 위에 각 나라 정부는 외교 정책을 전개하는 것입니다. 고대나 중세의 이야기가 아닙니다. 21세기의 근대 국민국가도 사자의 진혼을 배려하지 않고서는 정책 결정을 할 수 없습니다.

모든 사회집단은 '올바른 장례'의 필요성에 공감하고 있습니다. 이것이 우리가 출발해야 할 전제입니다.

'사자는 더 이상 존재하지 않지만 살아 있는 자로부터의 행위-장례라는 형태의 메시지 송신-에 반응한다. 옳은 예를 갖추면 사자는 사라진다, 잘못된 예를 행하면 사자는 머물고 재앙을 내린다, 우리는 그런 방식을 통해서 사자와도 커뮤니케이션을 할 수 있다', 이것이 장례의 의미입니다.

그렇다면 올바른 장례란 어떤 것일까요? 그것은 마치 사자가 죽지 않은 것처럼 행동하는 것입니다. 공자는 자식이 부모 사후에 삼년상을 치러야 한다고 말했습니다. 구체적으로는 세속 일에 매달리거나 노래 부르고 춤추는 것을 피하라는 말도 있지만, 이는 집에 중환자가 있을 때 지켜야 할 예의와 거의 같습니다. 주위 사람은 환자가 보내는 미미한 신호에 반응해서 환자의 생리적 불쾌함을 없애고 그의 메시지를 듣는 것을 최우선적인 일로 여깁니다. 그럴 때는 사업이나 연애에 힘을 쏟거나 술 마시고 노래 부르는 일을 하지 않습니다. 그런 일을 하면 미미한 신호를 놓칠지도 모르기 때문입니다.

장례를 한마디로 정리하자면 '타자로부터의 미미한 신호를 놓치지 않기 위한 배려'입니다. 병자뿐만 아니라 사자에게도 귀를 기울이는 것입니다. 마치 사자가 약한 신호를 발신하는 타자인 듯 예민하고도 주의 깊게 그에게 온 감각을 향하는 것, "제가 어떻게 하면 좋겠습니까?" 하고 사자에게 조심스레 묻는 것입니다. 물론 대답은 돌아오지 않습니다. 하지만 그때까지 사자와 관계를 맺었던 기억을 세세하게 되살려 보면 '사자는 내가 어떻게 하길 바랄까?' '어떤 판단을 내리면 좋을까?' '어떻게 살아야 할까?' 추측할 수 있습니다. 결단하거나 선택해야 할 때, '사자는 내가 어떻게 하기를 원할까?'라는 물음을 스스로 던지는 습관을 내면화한 사람에게는 사자가 살아 있을 때와 똑같이 혹은 살아 있을 때 이상으로 살아가는 데 지침이 됩니다. 그리고 사자가 산 자 안에 '생을 이끄는 자'로서 등록을 마쳤을 때 동시에 장례도 끝이 납니다.

사자가 산 자 안에 지침으로 내면화되었을 때 떠나보내는 것이 장례의 의미입니다. 저는 그렇게 이해하고 있습니다. 이제 '잘못된 장례'가 어떤 것인지 잘 알겠지요. 처음부터 사자를 내쫓는 것을 목적으로 하는 장례입니다. 사자가 더 이상 거기에 없는 것처럼 행동하는 것, 즉 사자에게 물음을 던지고, 던져도 돌아오지 않는 대답을 계속 기다리는 인내를 방기하는 것입니다. 그 최악의 형태는 '나는 사자가 내가 어떻게 행동하길 원하는지 알고 있다'는 선언에서 시작됩니다. 언뜻 보면 제대로 된 장례 기준을 세우고 있는 것처럼 보이기도 하지만 '나는 어떤 의례를 해야 사자가 기뻐할지 알고 있다'는 선언만큼 사자에게 무례한 행동은 없습니다. 사자를 향해서 "네가 말하고 싶은 것은 알았다"라고 말하는 것이니까요.

'네가 말하고 싶은 것은 알았다'는 것은 우리가 일상생활에서 커뮤니케이션을 끝낼 때 쓰는 말입니다. '그러니까 잠자코 있어' '그러니까

사라져'는 '잘 알았다'라는 선언의 실행적 의미이지요. 장례 행위는 사자를 향해 '당신은 제가 어떻게 하면 좋겠습니까?'라고 끝없이 묻는 자세입니다. 내가 어떻게 하면 사자가 좋아할지 나는 알고 있다는 사람은 이미 사자에게 물음을 던지기를 방기했습니다. 이는 야스쿠니 신사 문제를 얘기할 때 이미 했던 이야기입니다만, 제가 불편한 것은 참배에 찬성하는 사람도 반대하는 사람도 어떻게 죽음을 애도해야 사자들이 좋아할지 잘 알고 있는 입장에서 말하고 있다는 것입니다.

어떤 사람은 "사자는 천황의 공식 참배를 구하고 있다"고 말하고 또 어떤 사람은 "사자들은 전범을 나누어서 다른 곳에 둘 것을 요구하고 있다"라고 말하기도 합니다. 또 다른 사람은 "사자들은 무종교 시설에서의 진혼을 구한다"라고 말하기도 하지요. 모두 '사자들이 무엇을 바라고 있는지 나는 잘 알고 있다'는 전제에서 말하고 있습니다. 저는 사자에 대한 이러한 오만만큼 예禮의 본의를 거스르는 행위는 없다고 생각합니다.

장례의 본의는 사자에게 '산 사람이 어떻게 하길 바랄까'를 계속 묻는 데 있습니다. 이와 같은 물음에 일반적인 해답이 있을 리 없습니다. 이 물음에 대한 대답은 '모른다'입니다. 하지만 그것만으로는 끝나지 않습니다. 역시 어떻게 하면 좋을지 알고 싶고 대답을 가르쳐줄 상대는 사자밖에 없기 때문에 돌아올 리 없는 대답을 계속 구합니다. 대답이 돌아오지 않을 이에게 물음을 던지고 계속 그 대답을 기다리는 행위가 인간 세계에서는 '예'라는 형태로 규범화되어 있습니다.

영성교육이 있다면, 그것은 '예'라는 규범을 형태와 신체기법으로서 먼저 가르치는 것이라 생각합니다. 아이들에게 종교사를 가르치는 것도, 성구나 경문을 암송시키는 것도 아닙니다. 어떤 종교의례를 강요하는 것도 아니지요. 단지 감각을 연마해서 미미한 신호에 귀를 기울이고, 존재하지 않는 것과도 소통할 수 있다는 근본적인 사실을 실감하는 것, 그것이 영성교육의 출발점이자 도달점이라고 생각합니다.

인간은 존재하지 않는 것과도 교감할 수 있다면, 실제로 여기 이곳에 살아 있는 신체로 존재하고 만질 수도 있고 목소리를 들을 수도 있는 사람이라면, 아무리 다르더라도 아무리 미지의 존재라 하더라도 소통하지 못할 리 없다. 저는 장례에서 출발하여 이렇게 합리적인 추론으로 나아갑니다.

공자가 '예', 즉 사자와의 소통을 6예의 필두로 든 것은 그것을 모델로 해서 모든 커뮤니케이션을 구축할 수 있기 때문이라고 생각합니다. 학교에서의 영성교육도 이와 같은 이해의 바탕 위에 서면 어떻게 되어야 하는지 어느 정도 그 방향이 보이지 않을까요?

종교적인 것들이 범람하는 시대에

공교육은 정교분리를 원칙으로 하고 있습니다. 그렇지만 현실 사회는 다양한 형태의 종교적 현상이 넘쳐나고 있습니다. 카스트 교단, 초능력, 뉴에이지, 영성, 정신세계…, 대중매체에도 종교적인 것들이 범람하고 있습니다. 공교육이 종교적인 것들과 관계를 거부할 경우 아이들은 어떤 영적 준비도 없는 상태로 종교적인 담론에 노출됩니다.

가정에서 영적 성숙을 충분히 이룬 아이는 걱정할 필요가 없겠습니다만, 현재 도시 핵가족 가정에서 아이를 영적 성숙으로 이끄는 교육을 기대할 수 있을까요? 저는 매우 회의적입니다. 결과적으로 영적·종교적인 것에 대한 지식이 거의 없고, 당연히 그 위험을 알지 못하는 아이들이 종교 현상의 홍수에 무방비 상태로 던져지는 겁니다.

교단 종교든 점술가든 모든 종교는 어쩐지 위험한 냄새가 납니다. 영적 성숙은 그 위험한 냄새를 직감적으로 감지하고 불가사의한 것들과 적절한 거리를 유지할 수 있는 능력이기도 합니다. 그 위험을 감지하는 힘을 키우기 위해서는 위험한 것들에서 격리된 영적 무균 상태에 두어서는 안 됩니다. 그런 곳에서 키워진 아이는 처음 만난 종교적인 어떤 것 앞에서 판단 불능 상태에 빠지게 될 가능성이 있기 때문입니다. '종교적으로 기적이라 불리는 종류의 것들은 모두 환상이고 과학적 사실과는 거리가 멀다'는 말만 듣고 자란 아이는, 그 '상식'을 넘어선 현상을 만났을 때 '나는 아무것도 보지 않았다'며 눈을 감고 눈앞의 사태 자체를 전면 부정하든지 '내가 지금까지 배워왔던 것은 모두 허상이었다'며 지금까지의 교육을 통째로 방기해버리는 극단적인 행동을 취하기 쉽습니다.

이처럼 편향적이고 극단적인 행동을 하는 사람은 행복에 이르지 못합니다. 오히려 '그런 일도 있을 수 있지'라는 호방한 태도로 대응하는 것이 좋습니다. "그래서 그것이 나와 어떤 관계가 있습니까?" "당신은 그 기적을 통해서 이 세상에 어떤 '좋은 일'을 행할 생각입니까?" 같은 식으로 자신의 축을 견고하게 유지한 채로 자신과 종교의 관계를 정성스럽게 만들어 냈으면 합니다.

이런 의미에서 대중매체에 등장하는 영적 능력자들의 존재도 교육적으로 유효한 것으로 받아들일 수 있을지도 모릅니다. 그런 사람들의 언동을 진중히 지켜보고 어디까지 진짜이고 어디부터 가짜인지, 어디까지가 꾸미지 않은 것이고 어디서부터 연출된 것인지 그런 점을 진중하게 비평적으로 보는 법을 터득하면 그건 그것대로 결코 나쁘지 않을 것입니다.

우리 사회는 큰 흐름에서 '종교적인 사회'로 향하고 있다고 생각합니다. 앞으로 자라날 아이들은 다양한 형태의 종교, 유사 종교, 혹은 '종교로 보이지 않도록 위장한 종교'에 노출되겠죠. 그 과정에서 아이들이 적절한 영적 성숙을 성취하기 위해서는 무균실에서 키워서는 안 됩니다. 가장 좋은 것은 '진짜 종교인'을 빠른 시기에 만나는 것입니다. '진짜'를 한 번 본 아이는 미술품 감정과 똑같이 '가짜'를 직감적으로 찾아낼 수 있습니다. 어디가 어떻게 다른지 구체적인 이유를 댈 수 없어도 '이것은 진짜가 아냐' 하고 알게 되는 것이지요. 하지만 진짜 종교인을 만날 기회는 좀처럼 없습니다. 차선책으로는 사이비 종교를 포함한 다양한 종교적 경험을 하는 것입니다. 그 과정에서 경우에 따라서는 배반당하기도 하고 골탕을 먹기도 하면서 자신을 영적으로 성숙시켜 나갑니다. 그것이 아마도 많은 사람들에게 일반적인 성숙의 과정일 것이라 생각합니다.

이는 아이에게 '올바른 섹스'를 가르치며 겪는 곤란함과 비슷하다고 생각합니다. 예를 들면, 여섯 살 아이에게 "이렇게 하는 것이 올바른 섹스야" 하고 가르치는 건 불가능합니다. 성적 성숙은 어릴 때 올바른 섹스를 '배워서' 도달할 수 있는 게 아니기 때문입니다. 물론 그런 정보가 일체 차단된 무균실에 가두어놓고 가르칠 수도 없습니다. 결국 우리가 선택할 수 있는 것은 바깥에서 흘러들어오는 성에 대한 수많은 쓰레기 정보들과 다른 사람에게는 말할 수 없는, 자기 안에 있는 도착적인 성욕에 조금씩 익숙해지는 것뿐입니다. 그리고 자기가 도대체 어떤 성적 취향과 성적 편향이 있는지 발견하고 그것을 의식화하고 언어화하는 것입니다. 옷에 익숙해지듯 자신의 섹슈얼리티에 익숙해져가는 그런 것이 아닐까 생각합니다.

영적 스승과의 만남

그렇다 해도, 종교적 성숙의 경우도 멘토의 이끎이 중요합니다. 물론 예외적으로 영적 자질이 풍부한 스승 없이도 스스로 깨달아서 앎에 이를 수도 있겠죠. 하지만 우리 같은 일반인은 무리입니다. 아무래도 우리가 영적으로 성숙해지기 위해서는 스승이 필요합니다. 그리고 스승은 우리 스스로 찾을 수밖에 없습니다. 누군가가 "이 사람을 따라가면 괜찮다"는 신원보증을 해주지도 않지만 영적 성숙을 진지하게 구하는 사람이라면 자신을 이끌어줄 사람을 언젠가는 반드시 만나게 됩니다. 살아가면서 진심으로 선도자를 구하다 보면 반드시 만날 수 있습니다. 그렇지만 그 사람이 "나는 당신의 영적 스승입니다" 하며 나타나진 않습니다.

저 같은 경우는 제가 찾고 있던 스승을 만나고 난 후에 자각하게 되었습니다. 저는 무예를 배우고 싶었습니다. 무술의 진정한 힘은 완력이 강하다든지 적의 동태를 파악하는 시력이 좋다든지 반사신경이 민감하다든지 그런 신체적인 수준이 아니라는 것을 막연하게 알고 있었지만 도대체 '진정한 힘'이 무엇인지는 몰랐습니다. 이십 년 가까이 시행착오를 하며 찾다가 마지막에 타다 선생을 만났고, 같은 무렵 레비나스라는 철학자를 만나면서 머리에 한방 맞은 것처럼 일격을 당했습니다. 마침 다른 연구의 참고문헌으로 레비나스의 책을 읽고 있었지만 무엇을 말하는지 전혀 알 수 없었습니다. 전혀 알 수 없었음에도 불구하고 모르는 것이 나의 철학적 지식이 부족하다든지 논리적 사고가 결핍되었기 때문이 아니라, 내게 결정적으로 미성숙한 부분이 있기 때문이라는 것만은 알고 있었습니다. 그 미성숙은 책을 읽고 지식이 늘면 어떻게든 해결되는 종류의 문제가 아니라, 일상생활에서 '진짜 어른'

이 되는 과정 없이는 극복할 수 없다는 것도 잘 알고 있었지요. 결과적으로 이 두 분이 제 영적 스승이 됐습니다. 이끄는 방식은 두 분이 아주 비슷했다고 생각합니다.

스승은 제자에게 내게 무엇이 결여되어 있는지를 깨닫게 해줍니다. 그렇다고 "네게는 이런저런 지식이 부족하다"든지 "이런저런 기술이 부족하다" 같은 정량적인 부족함이 아닙니다. 제자에게 결여되어 있는 것은 자신에게 무엇이 결여되어 있는지를 말할 수 있는 언어, 그 자체이기 때문입니다.

저는 제 자신이 미숙하다는 것을 알았습니다. 하지만 어떤 식으로 미숙하고 어떻게 하면 그 미숙함에서 벗어날 수 있는지를 몰랐습니다. 그것이 바로 '미숙하다'는 것입니다. 하지만 스승 앞에서는 자신의 미숙함을 인정하는 것이 조금도 부끄럽지 않습니다. 스승이란 '그 앞에서 스스로 미숙하다고 인정하는 것이 조금도 부끄럽지 않은 사람'을 가리킵니다. 그 사람 앞에 있을 때 자신의 미숙함이 조금도 부끄럽지 않은 사람, 그 사람 등을 보면서 뒤따라 걸어갈 때 한 걸음 한 걸음 성숙의 여정을 걸어가는 것임을 실감하게 해주는 사람이 스승입니다.

스승을 대면하고 있을 때, 제자는 자신의 미숙함을 인정하는 데 조금의 불안함도 불쾌함도 느끼지 않습니다. 사제 관계는 자기가 어떻게 미숙한지, 자기는 무엇을 모르고 무엇을 할 수 없는지 그리고 무엇을 언어화할 수 없는지 그것을 주제 삼아 생각하는 그 자체가 가슴 뛰는 경험이 되도록 구조화되어 있습니다. 다음 세대 스승의 조건은 모든 사제 관계와 똑같이 '그 스승 또한 스승에 끌려서 그와 같은 사람이 되었다'는 것입니다. 나의 스승 또한 자신의 미숙함을 통감할 수밖에 없는 스승이 있었습니다. 그리고 그 미숙을 알고 깨닫는 것을 단서로 스승의 뒤를 쫓아서 계속 걷고 스승을 잃고 난 뒤에도 계속 걸어가는 그것이 스승이 되기 위한 아마도 유일한 본질적인 조건입니다. 그리고 '스승의 스승'도 또한 그 '스승의 스승의 스승' 앞에서는 미숙함을 통감하고 그것을 계기로 성숙의 걸음을 걷기 시작하였다…, 그런 관계가 영원히 반복되는, 러시아 인형 마트료시카 Matryoshka와 같은 상태인 것입니다.

　이 사제 관계의 구조에 의해 계승되는 것이 도대체 무엇일까요? 그것은 '스승의 성숙'으로부터 '제자의 미숙'을 뺄셈했을 때의 '차이'로 얻어지는 메울 수 없는 '틈'입니다. 나는 미성숙하기 때문에 스승의 가르침을 완전한 형태로 전할 수 없었다는 '이해의 닿지 않음'을 각각의 시대의 스승들은 그 제자에게 전합니다. 그리고 그 제자들 또한 다음 세대에 "나는 미숙하기 때문에…" 하는 똑같은 말을 전합니다. 그런 흐름이라면 삼대도 계속 퇴보하는 제자가 나와서는 어떤 지적 전통도 기예의 전통도 절멸하고 마는 게 아니냐고 걱정하실지 모르겠습니다만 그런 일은 없습니다. 실제로 이 '미숙에 대한 앎과 깨달음'만이 후세대에 아주 먼 시대의 전설적인 예지와 신화적 기예를 전승하기 위한 유일한 방도이기 때문입니다. 한문학자 시리카와 시즈카白川靜는 공자에 대해 이렇게 말합니다.

공자는 그 모든 것을 전통의 창시자로서 주공에게 돌렸다. 그리고 공자 자신은 스스로를 '만들지 않고 말하는 자'로 규정한다. 공자는 그러한 전통 가치 체계의 조술자가 되기를 스스로 청하고 있다. 그러나 실은 이렇게 무주체적인 주체의 자각 안에 창조의 비밀이 있다. 전통은 운동성을 띤 것이 아니면 안 된다. 운동은 원점으로의 회귀를 통해서 그 역사적 가능성을 확인한다. 그 회귀와 창조의 멈춤 없는 운동성 안에 전통은 살아 있다.

(시리카와 시즈카, 『공자전』 중)

나는 가르침의 기원이 아니라 조술자에 지나지 않는다는 '무주체적 주체의 자각'으로 인해 공자는 만인의 스승으로 기능하였습니다. 영적 성숙의 여정도 그와 똑같은 구조를 갖습니다. "나는 영적 성숙을 이루지 못했지만 나의 스승은 확실히 그것을 이루어낸 사람이었다"는 '미숙에 대한 앎과 깨달음'을 세대를 넘어 전함으로써, "나는 우주의 진리를 알았다"거나 "나는 신의 목소리를 들었다" 같은, 더 이상 한 걸음도 나아갈 수 없는 착지점의 사슬에 붙잡히는 것을 피할 수 있습니다.

영적 성숙을 위해서

―― 제가 있는 대학은 가톨릭 대학교인데, 어쩌다 보니 제가 교무처장직을 맡게 되어 입학식이나 졸업식 때 마태복

음을 읽는 '담당'이 되었습니다. 제가 예배당에서 성경을 읽는 입장이 될 거라고는 상상도 못했습니다만, "당신 이웃을 당신 몸같이 사랑하라"는 구절은 몇 번이나 읽어도 그 울림이 큽니다. 채플을 담당하는 선생님에게서, 이 말은 고대 유대교에서 구전되어온 랍비의 가르침이라고 배웠습니다.

저는 모든 종교적 의례에 원칙적으로 호의적입니다. 기독교든 불교든 유대교든 이슬람교든 힌두교든 어쨌든 경건하게 기도드리는 사람의 자세는 매우 훌륭하다고 생각합니다. 저는 특정 종파에 속해 있지는 않지만 '타인이 믿고 있는 것'에 대해서는 원칙적으로 예의 바르게 행동하고 있습니다. 신사에 가면 손바닥을 마주 쳐서 소리를 내고, 불교사원에서는 향을 피우며, 성당에서는 초를 밝힙니다. 줏대 없는 사람이라고 생각할지도 모르겠습니다만 그 장소를 '신성한 장소'로 소중하게 여기는 사람들의 생각은 어떤 경우라도 존중하지 않으면 안 된다고 생각합니다. 그리고 그런 진지한 기도의 장에 있으면 저 자신이 좋은 파동을 느낄 때가 많습니다.

파리의 노트르담 대성당은 전 세계적으로 유명한 관광지이자 입장료도 받지 않아 언제나 많은 관광객으로 붐빕니다. 하지만 반바지에 일본식 슬리퍼, 야구모자를 쓴 관광객들이 근처를 어슬렁거리면서 염치없이 종종 카메라 플래시를 켜고 사진을 찍고 있어도 노트르담 성당 안에 있으면 '좋은 파동'이 감지됩니다. 마음이 안정되는 느낌이지요. 이전에 남프랑스 콩크Conque라는 곳에 간 적이 있습니다. 산 하나가 성지였는데 거기도 그 파동이 굉장했습니다. 살이 떨릴 정도였으니까요. 하늘 색깔도 나무들의 색깔도 그 투명함이 세속의 것과는 수준이 달랐습니다. 인도네시아의 발리도 섬 전체가 '신들의 섬'이기 때문에 어디를 가도 유쾌한 파동을 느낍니다.

성지를 돌아보면, 세계 어디나 사람들은 신령이 나타나 머문다고 하는 나무, 돌, 동물 등이 내는 파동에 제대로 감응해서 기도 장소를 만든다는 것을 알 수 있습니다. 교양과 계율은 몰라도 그런 '떨림'에 반응해서 숨을 죽이고 목소리 이전의 신호에 온몸으로 귀를 기울이는 사람들의 애절한 분위기를 저는 깊게 사랑합니다. 그래서 미션 스쿨이나 불교계 대학같이 종교의례가 제도적으로 짜여 있지 않더라도, 한 명 한 명의 영적 성숙을 지원하는 것을 교육목표로 삼고 있는 한, 어떠한 장소에서도 종교교육은 가능하다고 생각합니다.

그때 제 마음속에 그리고 있는 것은, 조용히 파동을 포착하려고 심신의 감도를 올리고 있는 기도하는 사람의 모습입니다. 기도하는 사람이란 들을 수 없을 만큼 희미한, 존재하지 않는 것으로부터의 신호를 전력을 다해 수신하려는 사람, 존재하지 않는 것에 메시지를 송신하려고 하는 사람, 여기에는 없는 바깥 세계와의 교신 회로를 연결하려는 사람을 가리킵니다. 저는 그런 사람이야말로 진정으로 영적인 사람이라고 생각합니다.

제가 정치적인 종교교육을 싫어하는 것은 이 '바깥으로'라는 근원적인 경향성을 손상시키기 때문입니다. '국민국가'에서 종교는 여기와

저기 사이에 절대적인 분할선을 긋는 기능을 합니다. 근대적인 국민국가라는 정치적 개념은 정치사적으로 1648년 베스트팔렌 조약Peace of Westfalen에 의한 신성로마제국의 와해로부터 시작되는데, 이때 국경선을 획정하는 기준이 된 것이 종교입니다. 다양한 종교가 혼재하고 있는 신성로마제국을 가톨릭 신자와 프로테스탄트 신자들만의 두 나라로 분할한 것이죠. 국민국가는 본질적으로-현실적인 가능성 여부는 별도로 하고-단일 종교에 의한 국민의 정치적 재편을 목표로 합니다. 여기는 여기만의 종교로 저기는 저기만의 종교로 고정시켜, 양쪽은 영적으로 단절되고 그 사이에 어떠한 영적인 연결다리도 있을 수 없는 것이 국민국가가 신봉하는 종교관입니다. 여기에서는 단절과 배제의 역학만이 작동하고 경계선을 넘나드는 경험의 계기는 치명적으로 결여되어 있습니다.

행정상의 국경선과 영적 경계선이 일치한다고 믿는 사람들, 혹은 일치해야 한다고 믿는 사람들, 저는 그러한 사람들을 영적인 사람이라고 부르고 싶지 않습니다. 그들이 아무리 그 종파의 교의에 충실하고, 계율을 엄수한다 하더라도 혹은 죽는 것을 주저하지 않을 정도로 그 종교의 지도자를 존경한다 하더라도 저는 그 사람을 '광신적인 종교적 원리주의자'라고 생각하지 영적인 인간이라고 생각하지 않습니다. 왜냐하면 제 정의로 '영적이다'는, 바깥과 소통하고 싶다는 지향으로 가득 찬 것에 모든 것이 수렴되기 때문입니다. 자신의 이해를 초월하는 경지를 향해서 그 경지를 넘으려고 하는 지향만이 사람을 영적인 존재로 만들어준다고 저는 믿고 있습니다.

옮긴이의 말

지우면서 배우기, 탈학습의 여정

시詩는 '말'의 힘, 그중에서 우리 눈을 가리고 있는 꺼풀을 벗겨 내는 힘을 여지없이 우리에게 보여준다. (중략) 중요한 것은, 시인의 말은 우리의 마음과 눈이 늘 아무렇지 않게 봐왔던 것을 처음 보거나 처음 감동하도록 느끼게 해주는 각도와 속도로 보여준다. 이것이 다름 아닌 인간에게 허용된 유일한 창조다. 하나의 상투어를 제대로 된 위치에 두고 살펴보아라. 그것을 세탁해 보아라. 닦아 보아라. 빛나게 해 보아라. 말이 처음에 갖고 있었던 젊음, 그때 그대로의 싱싱함과 용솟음침으로 사람의 마음을 울릴 수 있도록. 그리하면 제군은 시인의 일을 한 것이 된다.

(장 콕토, 『장 콕토의 다시 떠난 80일간의 세계일주』 중)

시인은 우리에게 아주 중요한 이야기를 하고 있습니다.

십 원짜리 동전은 만들어지고 얼마 되지 않았을 때는 반짝반짝 빛

납니다. 그런데 많은 사람들의 손을 거치고 사용하다 보면 손때가 묻고 녹이 습니다. '말'도 마찬가지로 사람들이 사용하고 돌아다니다 보면 손때가 묻고 녹이 슬게 마련입니다. 장 콕토는 말의 손때와 녹을 벗겨내야 비로소 무엇인가가 제대로 보인다고 말하고 있습니다. 여기서 말하는 '언어의 손때'는 언어에 착 달라붙어 있는 세속적인 가치관을 의미합니다.

 이 책에서 우치다의 관점은 장 콕토의 생각과 절묘하게 공명하고 있습니다. 이미 우리가 안다고 생각하는 말의 때를 벗겨내는 '시인'의 역할을 하고 있는 셈입니다.

 그는 '학교', '교육', '학습', '학력', '교사의 역할', '유비쿼터스 교육', '교육개혁', '이지메', '언어교육' 그리고 '영성교육' 같은 우리에게 익숙한 교육 관련 주제들을 다루면서, 그 동안 우리가 사용해온 '말'을 철저히 돌아보고 반성적으로 음미할 것을, 그리고 그 말에 착 달라붙어 있는 가치관 - 이른바 효율주의, 신자유주의, 비즈니스 마인드 - 을 벗겨낼 것을 우리에게 여지없이 요구합니다. 이러한 그의 선동은 제가 연구주제로 삼고 있는 '지우면서 배우기'라는, '탈학습^{unlearn}'의 여정으로 우리를 안내합니다.

 일본의 평론가이자 철학자인 츠루미 슌스케鶴見俊輔는 한 신문에서 하버드 대학 유학시절 헬렌 켈러와 조우한 일화를 소개합니다. 도서관에서 헬렌 켈러를 만나 반가운 마음에 "저는 하버드 대학 학생입니다" 하고 자기소개를 하자, 헬렌 켈러는 이렇게 화답합니다. "저는 그 대학

옆에 있는 래드클리프 여자대학(현 하버드 대학)에서 정말 많은 것을 배웠습니다. 그런데 실은 배운 걸 지우면서 배우기 혹은 이미 배운 걸 떨쳐버리기 위해 더 많은 시간이 필요했습니다."

츠루미는 '지우면서 배우기'라는 말을 그때 처음으로 들었습니다만 의미는 곧바로 알았다고 합니다. '먼저 규격에 맞게 스웨터를 짜고, 그 다음에 그걸 다시 풀어서 원재료인 실로 자신의 몸에 맞게 스웨터를 다시 짜는 정경이 떠올랐다'고 그때를 회고했으니까요.

마찬가지로 우치다도 "우리는 지금까지 살아오면서 실로 많은 것을 학습해왔습니다만 그중 많은 것은 떨쳐버려야 할 필요가 있지 않을까요?" 하고 우리에게 집요하게 묻습니다.

예를 들면 '좋은 교육관' 혹은 '좋은 교사상'이 어딘가에 있을 거라고, 그리고 그 '있는 곳'을 전문가가 가르쳐줄 거라고 당연하게 여기고 있지 않습니까? 혹은 효율적인 교육을 위한 첨단 장비가 동원되고 교수력을 높이기 위한 최신 교수 프로그램을 사용하면 아이들의 배움에 대한 동기도 자연스럽게 높아질 것이라고 생각하고 있지 않습니까? 철저하게 교육개혁을 하면 교사의 질도 높아지고 아이들의 학력도 향상되고 그에 따라 자연스럽게 학교도 바뀔 것이라고 맹목적으로 믿고 있지 않습니까? 그리고 대학평가를 통한 대학 간의 경쟁력을 강화시키면 우수한 연구자와 우수한 인재가 나올 거라는 환상을 갖고 있지는 않습니까? 나아가 사람이 무엇인가를 어떻게 배워야 하는지에 관해서 어딘가에 정해진 규칙이 있다고 굳게 믿고 있지는 않습니까?

저자는 이 책에서, 이처럼 우리는 많은 것을－어느샌가 혹은 무의식 중에－배워버리고 말았는데, 잘 생각해보면 그것이 반드시, 무조건 옳은 것이라고 할 수 없지 않은가를 거듭거듭 되묻습니다.

그런 의미에서 저는 이 책을 유례를 찾기 힘든 일종의 '배움학 교과서'라고 부르고 싶습니다. 우치다는 이 책을 통해서 우리가 오랫동안 교육, 학습, 학교, 교육개혁, 학력, 이지메 등에 대해 '길들어져 왔던 말' 혹은 '배우고 말았던 것(말)'을 반성적으로 돌아보게 합니다. 배운 것을 떨쳐버리고 unlearn, 그를 통해 자연스럽게 떠오르는 '진정한 배움은 무엇인지'를 물으며, 우리 주의를 환기시킵니다.

그런 끈질긴 물음을 던지면서도 저자는 이 책에서 진정한 배움이 무엇인지 명확하게 완성된 답을 제시하고 있지 않습니다. 오히려 그 어려운 문제에 '밑줄'을 줄기차게 그었다고 해야 할까요. 생각에 꼬리를 물게 하는 '미완未完의 말'을 던진 겁니다.

독자인 우리가 해야 할 일은 그 미완의 말에 성심성의껏 응대하는 '말'을 찾는 것입니다. 그럴 때야 비로소 그 말은 교육자로서 그리고 양육자로서 동시에 배우는 자로서 앞으로 우리의 이웃과 후세대에게 남겨야 할 또 다른 미완의 말이 될 것입니다.

2012년 8월 백양산 기슭에서
박동섭

교사를 춤추게 하라

초판 1쇄 발행 | 2012년 8월 29일
초판 10쇄 발행 | 2022년 10월 5일

글쓴이 | 우치다 타츠루 内田樹
옮긴이 | 박동섭
펴낸이 | 현병호
편집 | 김경옥, 장희숙
디자인 | 봄밤에별은
펴낸곳 | 도서출판 민들레
주소 | 서울시 성북구 보문로34가길 24 2층
전화 | 02) 322-1603
팩스 | 02) 6008-4399
이메일 | mindle98@empas.com
홈페이지 | www.mindle.org

ISBN 978-89-88613-51-1 03370

값은 뒤표지에 있습니다. 잘못된 책은 바꾸어 드립니다.